# 2017
## 苏州服务贸易发展
## 报 告

苏州市商务局 编

苏州大学出版社
Soochow University Press

图书在版编目(CIP)数据

2017苏州服务贸易发展报告 / 苏州市商务局编. —
苏州：苏州大学出版社,2018.10
ISBN 978-7-5672-2582-4

Ⅰ.①2… Ⅱ.①苏… Ⅲ.①服务贸易－经济发展－
研究报告－苏州－2017 Ⅳ.①F752.853.1

中国版本图书馆CIP数据核字(2018)第222619号

| | |
|---|---|
| 书　名： | 2017苏州服务贸易发展报告 |
| 编　者： | 苏州市商务局 |
| 责任编辑： | 肖　荣 |
| 装帧设计： | 刘　俊 |
| 出版发行： | 苏州大学出版社(Soochow University Press) |
| 社　址： | 苏州市十梓街1号　邮编：215006 |
| 印　装： | 常州市武进第三印刷有限公司 |
| 网　址： | http://www.sudapress.com |
| 邮购热线： | 0512-67480030 |
| 销售热线： | 0512-67481020 |
| 开　本： | 880 mm×1 230 mm　1/16 |
| 印　张： | 9.5 |
| 字　数： | 202千 |
| 版　次： | 2018年10月第1版 |
| 印　次： | 2018年10月第1次印刷 |
| 书　号： | ISBN 978-7-5672-2582-4 |
| 定　价： | 58.00元 |

凡购本社图书发现印装错误，请与本社联系调换。服务热线：0512-67481020

# 《2017苏州服务贸易发展报告》编委会

主　任：方文浜

副主任：王志明

编　委：赵佑宏　陆伟民　盛逸仙　张　飞　吴　洁
　　　　贝振华　王　涛　王　栋　盛韵雅

# 序

党中央、国务院高度重视服务贸易发展。习近平总书记在党的十九大上指出,要"拓展对外贸易,培育新业态模式,推进贸易强国建设""扩大服务业对外开放"。2017年,中央经济工作会议指出,要大力发展服务贸易,推广服务贸易创新发展试点经验。2018年4月,习近平总书记在博鳌论坛2018年年会上的主旨演讲和在庆祝海南建省办经济特区30周年大会上的重要讲话,对进一步扩大开放做了新的部署,对放宽服务贸易市场准入提出了更高要求。

2016年,国务院首次常务会议决定开展服务贸易创新发展试点,推进外贸转型,增强服务业竞争力,重点对服务贸易管理体制、发展模式、便利化等8个方面的制度建设进行探索,有序扩大服务业对外开放。苏州市成为江苏省唯一入选的服务贸易创新发展试点城市。

自入选服务贸易创新发展试点以来,苏州市以习近平新时代中国特色社会主义思想为指导,全面贯彻党的十九大精神,统筹推进"五位一体"总体布局和协调推进"四个全面"战略布局,坚持创新、协调、绿色、开放、共享发展理念,全面推进服务贸易创新发展试点工作,全市服务贸易发展迅速。2016年,苏州服务贸易进出口总额为141.16亿美元,同比增长15%,在江苏省服务贸易进出口总额中的占比位列全省第一。苏州服务贸易的快速发展,有力促进了全市对外贸易转型升级和提质增效。

为进一步做好苏州服务贸易的基础性研究工作,系统地分析、介绍苏州服务贸易的发展现状及发展方向,市商务局编写了《2017苏州服务贸易发展报告》。今后,苏州市将每年发布《苏州服务贸易发展报告》,为苏州服务贸易跨越式发展贡献更多力量。

苏州市商务局局长 方文浜
2018年6月26日

# 目 录

## 第一部分 总报告

2016 年苏州市服务贸易发展总报告 ………………………………………………（3）

## 第二部分 专题报告

2016 年苏州市服务贸易创新发展经验总结 ………………………………………（25）
2016 年苏州市服务外包产业发展报告 ……………………………………………（32）
苏州市外汇资金集中运营管理试点情况调研报告 ………………………………（41）
苏州市会展产业发展调研报告 ……………………………………………………（45）
苏州市全球维修试点成果情况报告 ………………………………………………（67）

## 第三部分 服务贸易相关文件汇编

国务院关于同意开展服务贸易创新发展试点的批复（国函〔2016〕40 号）…………（73）
关于在服务贸易创新发展试点地区推广技术先进型服务企业所得税优惠政策的通知
　（财税〔2016〕122 号）……………………………………………………………（79）
市政府关于成立苏州市服务贸易创新发展试点工作领导小组的通知
　（苏府办〔2016〕153 号）…………………………………………………………（81）

苏州市政府办公室关于印发苏州市服务贸易创新发展试点实施方案及重点试点行业
　　七大行动计划的通知(苏府办〔2016〕224号) …………………………………（83）
关于转发《省政府关于苏州市服务贸易创新发展试点实施方案的批复》的通知
　　(苏服贸试点办〔2016〕01号) ………………………………………………（84）
关于印发苏州市服务贸易创新发展试点七大重点行业行动计划的通知
　　(苏服贸试点办〔2016〕02号) ………………………………………………（95）
关于印发苏州市服务贸易统计创新工作方案的通知(苏服贸试点办〔2016〕03号)
　　…………………………………………………………………………………（133）
关于征求《苏州市文化创意产业服务贸易创新发展试点工作任务分解落实表》
　　意见的通知(苏服贸试点办〔2016〕05号) …………………………………（140）
关于建立服务贸易创新发展试点工作简报制度的通知(苏服贸试点办〔2016〕06号)
　　…………………………………………………………………………………（146）

# 第一部分 总 报 告

# 2016年苏州市服务贸易发展总报告

## 一、服务贸易发展情况

### (一) 2016年我国服务贸易发展情况

#### 1. 服务贸易保持快速发展

2016年我国服务贸易进出口总额 5.35 万亿元,继续保持世界第二,同比增长 14.2%,增速较货物贸易多 15.1 个百分点;其中,出口额 18 193.5 亿元,增长 2.3%,进口额 35 290.7 亿元,增长 21.5%。2016年我国服务贸易占对外贸易(货物贸易+服务贸易)的比重较 2015 年提高 2 个百分点,为 18%,与全球平均水平(2016年全球服务贸易占对外贸易的比重为 22.8%)的差距进一步缩小,外贸发展结构持续优化,服务贸易成为拉动我国国际贸易增长的新引擎。

#### 2. 服务贸易逆差有所提升

2016年我国服务贸易逆差额 17 097.2 亿元,比 2015 年增加 5 829.6 亿元,增幅达 51.7%。从行业上看,逆差主要集中于旅游业、运输、知识产权和保险 4 个行业。其中旅游业逆差增长最快,逆差额达 15 969.5 亿元,较 2015 年增加 4 702 亿元,占总逆差额的比重为 93.4%,成为服务贸易逆差增长的最主要拉动因素。

#### 3. 传统行业仍占主导地位

2016年旅游、运输和建筑 3 个行业进出口额合计为 39 219.8 亿元,同比增长 15.2%,占总额的比重为 73.3%。其中,旅游业进出口额为 30 636 亿元,同比增长 21.2%,占总额的比重高达 57.3%,比 2015 年提高 3.4 个百分点;运输业进出口额为 7 173.5 亿元,增长 1%;建筑业进出口额为 1 410.3 亿元,下降 15.6%;运输业和建筑业进出口额合计占比为 16%,仍为我国服务贸易重要的传统行业。

#### 4. 新兴行业出口额增长迅速

2016年我国新兴行业出口额合计 7 780.2 亿元,同比增长 7.5%,占出口总额的比重达 42.8%,比 2015 年提高 2.1 个百分点,出口结构进一步优化。金融服务,维护和维修服务,电信、计算机和信息服务以及知识产权等高附加值领域的出口额快速增长,增速分别为 49.5%、47.9%、15% 和 14.1%。

#### 5. 境外市场实现多元发展

2016年,中国香港、美国、中国澳门、日本、韩国是我国内地前5大服务贸易伙伴,进出口额分别为13 220亿元、7 362亿元、3 691亿元、3 438亿元和2 919亿元,合计30 630亿元,占我国服务贸易进出口总额的比重达57.3%。美国是我国第一大逆差来源地,逆差额为3 475亿元,占我国逆差总额的比重达20.3%;我国对欧盟服务贸易进出口额为7 242亿元,同比增长13%,占我国服务贸易进出口总额的比重为14%;对东盟服务贸易进出口额为5 360亿元,同比增长57%,占我国服务贸易进出口总额的比重为10%;我国对"一带一路"沿线国家服务贸易进出口额为8 126亿元,同比增长46%,占我国服务贸易进出口总额的比重为15.2%,比2015年提升3.4个百分点。

#### 6. 改革试点任务全面落实

2016年2月22日,国务院批复同意在天津等15个省市和地区开展服务贸易创新发展试点,为期2年。服务贸易创新发展试点地区在推进服务贸易便利化和自由化,构建法治化、国际化的营商环境等方面先行先试,勇于创新,2016年15个服务贸易创新发展试点地区共实现服务贸易进出口总额2.69万亿元,占全国服务贸易进出口额的50.3%,试点任务取得一定成效。

表1 2016年各省(自治区、市)服务贸易进出口情况

单位:亿元人民币

| 省(自治区、市) | 进出口总额 | 出口额 | 进口额 |
| --- | --- | --- | --- |
| 北京 | 9 327.7 | 2834.2 | 6 493.5 |
| 天津* | 1 532.9 | 614.5 | 918.4 |
| 河北 | 681.9 | 109.4 | 572.5 |
| 山西 | 354.8 | 42.1 | 312.7 |
| 内蒙古 | 290.4 | 108.1 | 182.3 |
| 辽宁 | 1 498.8 | 412.0 | 1 086.8 |
| 　　大连 | 706.3 | 259.7 | 446.6 |
| 吉林 | 506.1 | 89.5 | 416.6 |
| 黑龙江 | 452.9 | 53.9 | 399.0 |
| 　　哈尔滨* | 272.1 | 39.9 | 232.2 |
| 上海* | 9 651.2 | 3 800.9 | 5 850.3 |
| 江苏 | 4 139.7 | 1 097.7 | 3 042.0 |

续表

| 省（自治区、市） | | 进出口总额 | 出口额 | 进口额 |
|---|---|---|---|---|
| | 苏州* | 1 539.9 | 524.3 | 1 015.6 |
| | 南京 | 1 166.4 | 303.6 | 862.8 |
| 浙江 | | 2 949.5 | 1 129.3 | 1 820.2 |
| | 宁波 | 491.8 | 146.0 | 345.8 |
| | 杭州* | 1 620.6 | 872.8 | 747.7 |
| 安徽 | | 693.2 | 271.0 | 422.2 |
| 福建 | | 2 263.3 | 887.9 | 1 375.4 |
| | 厦门 | 756.5 | 340.4 | 416.0 |
| 江西 | | 379.9 | 95.3 | 284.6 |
| 山东 | | 2 406.2 | 798.4 | 1 607.8 |
| | 青岛 | 849.2 | 381.1 | 468.1 |
| | 威海* | 196.5 | 90.8 | 105.7 |
| 河南 | | 790.2 | 106.1 | 684.1 |
| 湖北 | | 1 031.7 | 247.0 | 784.7 |
| | 武汉* | 784.0 | 174.6 | 609.4 |
| 湖南 | | 499.5 | 114.1 | 385.4 |
| 广东 | | 9 786.9 | 3 847.3 | 5 939.6 |
| | 广州* | 3 235.4 | 1 225.4 | 2 009.9 |
| | 深圳* | 4 328.1 | 1 729.7 | 2 598.3 |
| 广西 | | 457.8 | 217.3 | 240.5 |
| 海南* | | 192.8 | 58.5 | 134.2 |
| 重庆* | | 622.3 | 213.3 | 409.0 |
| 四川 | | 1 153.5 | 324.7 | 828.7 |
| | 成都* | 950.3 | 313.0 | 637.3 |
| 贵州 | | 133.7 | 26.2 | 107.5 |

续表

| 省（自治区、市） | 进出口总额 | 出口额 | 进口额 |
|---|---|---|---|
| 贵阳* | 106.2 | 22.8 | 83.4 |
| 安顺* | 2.5 | 0.4 | 2.1 |
| 云南 | 507.7 | 318.1 | 189.6 |
| 西藏 | 21.0 | 18.3 | 2.7 |
| 陕西 | 735.1 | 281.8 | 453.3 |
| 西安* | 664.4 | 277.1 | 387.3 |
| 咸阳* | 18.9 | 1.4 | 17.5 |
| 甘肃 | 116.1 | 6.8 | 109.2 |
| 青海 | 23.7 | 6.3 | 17.4 |
| 宁夏 | 51.0 | 2.9 | 48.1 |
| 新疆 | 237.3 | 89.7 | 147.7 |

注：标"*"号表示服务贸易创新发展试点所在地
数据来源于商务部

### （二）2016年江苏服务贸易发展情况

**1. 服务贸易额增幅明显**

根据商务部数据，2016年全省服务贸易进出口总额为4 139.7亿元，同比增长17.81%，继广东、上海、北京之后，在全国各省市服务贸易进出口总额中排名第四。其中，出口额为1 097.7亿元，同比增长3.66%；进口额为3 042.0亿元，同比增长23.91%；贸易逆差额为1 944.3亿元，比2015年增加548.3亿元。服务贸易额占对外贸易额的比重为10.96%，同比提高2.9个百分点。

根据省外汇管理局数据，2016年全省服务贸易进出口总额为2 335.11亿元，同比增长12.63%。其中，出口额为1 007.08亿元，同比增长7.18%；进口额为1 328.03亿元，同比增长17.14%；贸易逆差额为320.95亿元。

**2. 行业发展较为集中**

服务贸易共13个门类，位列前5位的门类分别为旅行服务、其他商业服务、加工服务、知识产权使用费、运输服务，占比达90.84%。其中，旅行服务、其他商业服务、知识产权使用费呈逆差，进出口额保持增长。旅行服务发展迅速，进出口总额为993.49亿元，同比增长25.43%，在我省服务贸易中占比最大，达到42.55%，较上年提高4.4个百分点，也是逆差最大的门类，逆差额为465.78亿元；其他商业服务进出口总额为455.46亿元，同比增长10.65%，占比为19.51%，与去年基本持平（其中法律、会计、广告等专业和管理咨询服务占比约为三分之一，同比增长29.83%），逆差额为85.51亿元；知识产权使用费进出口总额为207.67亿元，同比增长2.91%，占比为8.89%，较上年下降0.8个百分点，逆差额为196.09亿元。加工服务、运输服务呈顺差，进出口额均下降。加工服务进出口总额为305.35亿元，同比下降9.87%，占比为13.08%，较上年下降3.3个百分点，加工服务也是顺差最大的门类，顺差额为298.63亿元；运输服务进出口总额为159.15亿元，同比下降8.13%，占比为6.81%，较上年下降1.5个百分点，顺差额为47.46亿元。

3. 服务出口结构优化

随着全省高新技术产业和现代服务业的较快发展，技术含量及附加值高的新兴行业发展较快，服务贸易出口结构进一步优化。2016年，维护和维修服务出口额为62.64亿元，同比增长340.12%；专业和管理咨询服务出口额为57.98亿元，同比增长50.40%；电信、计算机和信息服务出口额为50.34亿元，同比增长29.56%。传统行业中，建设服务出口额为30.32亿元，同比增长28.53%，加工服务、运输服务出口额同比分别下降9.78%、7.89%。

4. 主要市场保持稳定

美国、中国香港、韩国、日本、中国台湾是我省前五大服务贸易市场，服务进出口额分别为392.92亿元、388.27亿元、186.65亿元、170.81亿元、132.88亿元，共计占服务贸易进出口总额的比重达60.88%。其中，美国市场占比最大，达18.81%。在我省排名前十的服务贸易市场中，对美服务贸易额增长最快，同比增长19.68%，韩国、新加坡同比分别下降2.73%、6.80%。同时美国也是我省服务贸易第一大逆差来源地，逆差额为217.74亿元。韩国、中国台湾为我省服务贸易最大顺差来源地，顺差额分别为77.29亿元、67.57亿元。

（三）2016年苏州服务贸易发展情况

1. 国际收支服务贸易发展情况

（1）服务贸易保持快速增长。

2016年苏州服务贸易额呈现逐月攀升、下半年增长较快的态势。上半年苏州共实现服务贸易进出口额65.42亿美元，同比增长9.8%，全年共实现服务贸易总额141.16亿美元，同比增长15%，增幅比上年提高13.2个百分点。其中，出口额为63.13亿美元，同比增长14.8%；进口额为78.03亿美元，同比增长15.1%。进出口额增幅较去年同期均有所增长，进口额增幅提升11.4个百分点，出口额增幅提升15.1个百分点，出口额增幅提升速度略高于进口额增幅。

（2）主要行业逆差有所扩大。

2016年苏州服务贸易逆差额为14.90亿美元，较去年同期增加2.13亿美金，增幅达16.7%，逆差有所增加。在13个行业中，知识产权服务逆差额为23.69亿美元，离岸转口贸易逆差额为11.35亿美元，旅行服务逆差额为10.79亿美元，这3个行业为苏州服务贸易逆差的主要来源。加工服务、维修和维护服务以及运输服务为顺差最大的3个行业，顺差额分别为23.17亿美元、7.63亿美元和3.59亿美元。

（3）服务贸易新兴行业发展迅速。

按分行业分析，其他商业服务、加工服务和别处未涵盖知识产权服务为苏州市服务贸易最主要的行业，2016年分别实现36.30亿美元、23.87亿美元和23.87亿美元的进出口额，合计占苏州市服务贸易进出口额的比重达59.5%。从行业增速来分析，国际维护和维修服务进出口额同比增长321.8%，其中出口额同比增长497.9%；电信、计算机和信息服务进出口额同比增长32.7%，其中出口额同比增长47.3%。服务贸易新兴行业发展迅速。在传统行业中，建设服务进出口额同比增长18.4%，其中出口额同比增长22.3%；文化和娱乐服务进出口额同比增长5.9%；加工服务进出口额同比下降8.9%，知识产权服务进出口额同比下降2.8%，运输服务进出口额同比下降7.7%，金融服务进出口额同比下降9.4%。

表2 2016年苏州市服务贸易分行业发展情况

| 分行业 | 进出口总额 | | 出口额 | | 进口额 | |
| --- | --- | --- | --- | --- | --- | --- |
| | 累计/万美元 | 占比/% | 累计/万美元 | 占比/% | 累计/万美元 | 占比/% |
| 别处未涵盖的维修和维护服务 | 89 869.34 | 6.40 | 83 096.70 | 13.2 | 6 772.64 | 0.9 |
| 电信、计算机和信息服务 | 71 501.44 | 5.10 | 45 285.52 | 7.2 | 26 215.92 | 3.4 |
| 金融服务 | 1 887.97 | 0.10 | 221.26 | 0.0 | 1 666.71 | 0.2 |
| 其他商业服务 | 362 953.42 | 25.70 | 152 648.31 | 24.2 | 210 305.11 | 27.0 |
| 加工服务 | 238 712.03 | 16.90 | 235 206.73 | 37.3 | 3 505.30 | 0.4 |
| 建设服务 | 17 138.17 | 1.20 | 12 131.22 | 1.9 | 5 006.96 | 0.6 |
| 旅行服务 | 116 411.47 | 8.20 | 4 227.30 | 0.7 | 112 184.17 | 14.4 |
| 别处未涵盖的政府货物和服务 | 137.05 | 0.00 | 75.45 | 0.0 | 61.60 | 0.0 |
| 文化和娱乐服务 | 2 409.49 | 0.20 | 422.35 | 0.1 | 1 987.14 | 0.3 |

续表

| 分行业 | 进出口额 | | 出口额 | | 进口额 | |
| --- | --- | --- | --- | --- | --- | --- |
| | 累计/万美元 | 占比/% | 累计/万美元 | 占比/% | 累计/万美元 | 占比/% |
| 别处未涵盖的知识产权服务 | 238 664.25 | 16.90 | 865.68 | 0.1 | 237 798.56 | 30.5 |
| 保险服务 | 1 344.07 | 0.10 | 634.63 | 0.1 | 709.44 | 0.1 |
| 运输服务 | 74 633.39 | 5.30 | 55 286.58 | 8.8 | 19 346.81 | 2.5 |
| 离岸转口贸易 | 195 965.07 | 13.90 | 41 222.40 | 6.5 | 154 742.67 | 19.8 |
| 总额 | 1 411 627.17 | 100.00 | 631 324.13 | 100.0 | 780 303.04 | 100.0 |

（4）服务外包持续稳定增长。

2016年，全市新登录服务外包企业387家，累计达3 243家。全市完成接包合同额为128.45亿美元，离岸执行额为66.88亿美元，同比分别增长7.80%和6.74%，继续保持平稳增长的态势。接包合同额和离岸执行额占全省的比例分别为26.53%和30.19%，分列全省第3位和第2位；占全国的比例分别为8.72%和9.5%，在全国位次保持不变。

目前苏州市已形成软件研发、信息技术服务、工业设计、生物医药研发四大服务外包优势业态。离岸ITO、BPO和KPO占总量的比例分别为22.00%、11.25%和66.75%，其中，代表高端业务的KPO占比较上年提高了6.25个百分点，同比增幅达17.85%，比离岸总额的同比增幅高出11.11个百分点，以工业设计、工程技术、生物医药研发等为主的KPO已在全市外包业态中占主导地位，服务外包离岸业务结构日益优化。

（5）地区发展水平参差不齐。

按地区分析，园区为苏州市服务贸易的贡献最大，2016年实现服务贸易进出口额为57.58亿美元，占比为40.8%；位列第二的是昆山市，共实现20.65亿美元的服务贸易进出口额，占比为14.6%；太仓市以13.98亿美元的服务贸易进出口额排名第三，占比为9.9%。

表3　2016年苏州市服务贸易分地区发展情况

| 序号 | 区属 | 服务贸易进出口额/万美元 | 占比/% |
| --- | --- | --- | --- |
| 1 | 张家港 | 126 301.19 | 8.9 |
| 2 | 常熟 | 108 919.91 | 7.7 |
| 3 | 太仓 | 139 760.53 | 9.9 |

续表

| 序号 | 区属 | 服务贸易进出口额/万美元 | 占比/% |
|---|---|---|---|
| 4 | 昆山 | 206 547.07 | 14.6 |
| 5 | 吴江区 | 42 861.66 | 3.0 |
| 6 | 吴中区 | 18 491.77 | 1.3 |
| 7 | 相城区 | 11 743.92 | 0.8 |
| 8 | 姑苏区 | 47 004.94 | 3.3 |
| 9 | 园区 | 575 837.05 | 40.8 |
| 10 | 新区 | 134 159.13 | 9.5 |
| | 总额 | 1 411 627.17 | 100.0 |

（6）发达经济体为主要市场。

中国香港地区为苏州市服务贸易的最大合作伙伴，2016 年双方服务贸易额达 22.31 亿美元，美国和中国台湾地区分别以 18.24 亿美元和 17.37 亿美元的服务贸易进出口额排名第二和第三位。排名前十的贸易国家或地区共完成服务贸易进出口额为 115.51 亿美元，占全部服务贸易进出口额的比重达 81.8%。从出口额数据分析，中国台湾、中国香港、韩国、美国和日本是苏州市服务贸易出口市场的前五名，出口额共 47.97 亿美元，占全部服务贸易出口额的比重高达 76.0%；从进口额数据分析，美国、中国香港、德国、日本和荷兰是苏州市最主要的服务贸易进口市场，进口额共 41.67 亿美元，占全部服务贸易进口额的比重为 57.5%。从贸易差额分析，苏州与中国台湾地区服务进出口顺差最大，为 10.38 亿美元，其次为韩国市场，顺差额为 5.08 亿美元；德国、荷兰、美国则是贸易逆差最多的 3 个国家，逆差额分别为 5.58 亿美元、5.17 亿美元和 3.41 亿美元。

表 4　2016 年苏州市服务贸易进出口情况（前 10 位）

单位：亿美元

| 排名 | 国家或地区 | 进出口总额 | 出口额 | 进口额 |
|---|---|---|---|---|
| 1 | 中国香港 | 22.31 | 11.84 | 10.47 |
| 2 | 美国 | 18.24 | 7.42 | 10.82 |
| 3 | 中国台湾 | 17.37 | 13.88 | 3.49 |
| 4 | 日本 | 13.25 | 6.32 | 6.93 |

续表

| 排名 | 国家或地区 | 进出口总额 | 出口额 | 进口额 |
|---|---|---|---|---|
| 5 | 韩国 | 11.96 | 8.52 | 3.44 |
| 6 | 德国 | 9.62 | 2.02 | 7.60 |
| 7 | 新加坡 | 9.29 | 4.61 | 4.68 |
| 8 | 荷兰 | 6.53 | 0.68 | 5.85 |
| 9 | 瑞士 | 3.70 | 2.27 | 1.43 |
| 10 | 英国 | 3.25 | 1.44 | 1.81 |
| | 总额 | 115.52 | 59.00 | 56.52 |

**2. 商业存在服务贸易发展情况**

（1）外国附属机构服务贸易发展情况。

外国附属机构服务贸易是指外商在我市投资企业（中方股权占50%以上）或代理机构为我国消费者和他国消费者提供服务的收入。2016年共有3 636家外国附属机构在苏州进行投资，累计投资总额达446.14亿美元，外方实际出资达296.27亿美元。全年完成营业收入2 008.79亿元，纳税197.84亿元，从业人数达10.43万人。

表5　2016年苏州市外国附属机构服务贸易分地区情况

| | 企业数/家 | 投资总额/亿美元 | 外方实际出资/亿美元 | 营业收入/亿元 | 纳税总额/亿元 | 从业人数/人 |
|---|---|---|---|---|---|---|
| 姑苏区 | 148 | 15.09 | 11.79 | 33.55 | 5.90 | 2 699 |
| 吴中区 | 204 | 26.85 | 16.30 | 52.21 | 9.32 | 6 383 |
| 相城区 | 83 | 20.82 | 15.16 | 71.07 | 6.46 | 1 574 |
| 高新区 | 277 | 47.18 | 20.75 | 129.03 | 15.59 | 10 117 |
| 园区 | 1 124 | 110.48 | 91.21 | 617.45 | 71.02 | 33 662 |
| 吴江区 | 191 | 39.12 | 13.77 | 105.05 | 8.99 | 4 706 |
| 常熟 | 110 | 37.08 | 16.05 | 92.37 | 9.77 | 3 265 |
| 张家港 | 196 | 19.86 | 44.95 | 197.65 | 7.24 | 4 399 |

续表

|  | 企业数/家 | 投资总额/亿美元 | 外方实际出资/亿美元 | 营业收入/亿元 | 纳税总额/亿元 | 从业人数/人 |
|---|---|---|---|---|---|---|
| 昆山 | 1 087 | 94.86 | 49.97 | 411.97 | 30.00 | 31 457 |
| 太仓 | 216 | 34.80 | 16.32 | 298.45 | 33.55 | 6 064 |
| 累计 | 3 636 | 446.14 | 296.27 | 2 008.79 | 197.84 | 104 326 |

（2）中国附属机构服务贸易发展情况。

中国附属机构服务贸易是指我市企业或代理机构在境外投资（中方股权占50%以上），为所在国和其他成员的服务消费者提供服务所取得的收入。2016年我市共有1 085家企业在境外投资，共完成销售（营业）收入90.88亿美元，年末从业人数为19 248人，其中中方人员为5 136人。

按投资国别或地区分析，中国香港是苏州市企业开展境外投资、实现收入最多的地区，共有295家企业在香港进行投资，实现46.97亿美元的销售（营业）收入。中国香港、美国、日本和新加坡等地是企业开展境外投资最青睐的地区或国家，苏州市共有766家企业在这些地区或国家进行投资，占企业总数的70.6%。中国香港、新加坡、美国、南非等是企业境外投资实现销售（营业）收入排名前十的地区或国家，共实现销售（营业）收入85.73亿美元，占全部收入的94.3%。

表6　2016年苏州市中国附属机构服务贸易按国别或地区发展情况（前10位）

| 排名 | 投资企业数量排名 | | 实现销售（营业）收入排名 | |
|---|---|---|---|---|
|  | 所在国家或地区 | 企业数/家 | 所在国家或地区 | 销售（营业）收入总额/万美元 |
| 1 | 中国香港 | 295 | 中国香港 | 469 729.41 |
| 2 | 美国 | 195 | 新加坡 | 187 437.37 |
| 3 | 日本 | 46 | 美国 | 76 469.91 |
| 4 | 新加坡 | 39 | 南非 | 24 689.20 |
| 5 | 开曼群岛 | 36 | 泰国 | 22 965.93 |
| 6 | 澳大利亚 | 36 | 越南 | 21 907.92 |
| 7 | 德国 | 34 | 埃塞俄比亚 | 19 111.43 |
| 8 | 中国台湾 | 32 | 荷兰 | 14 416.80 |

续表

| 排名 | 投资企业数量排名 | | 实现销售（营业）收入排名 | |
|---|---|---|---|---|
| | 所在国家或地区 | 企业数/家 | 所在国家或地区 | 销售（营业）收入总额/万美元 |
| 9 | 埃塞俄比亚 | 27 | 开曼群岛 | 11 901.59 |
| 10 | 韩国 | 26 | 萨摩亚 | 8 638.65 |
| | 合计 | 766 | 合计 | 857 268.21 |

按所属产业分析，第三产业是中国企业对外投资的重点，苏州市有663家企业在境外进行服务业投资，占全部投资企业数量的61.1%，完成销售（营业）收入66.77亿美元，贡献了73.5%的销售（营业）收入份额。

表7　2016年苏州市中国附属机构服务贸易分产业投资情况

| | 企业数/家 | 年末从业人员数/人 | 其中中方人员数/人 | 销售（营业）收入总额/万美元 |
|---|---|---|---|---|
| 第一产业 | 12 | 266 | 39 | 676.77 |
| 第二产业 | 410 | 14 755 | 3 550 | 240 371.25 |
| 第三产业 | 663 | 4 227 | 1 547 | 667 749.17 |
| 累计 | 1 085 | 19 248 | 5 136 | 908 797.19 |

按第三产业细分行业分析，苏州市中国附属机构投资的行业较为集中。批发和零售业，租赁和商务服务业，交通运输、仓储和邮政业，信息传输、软件和信息技术服务业，科学研究和技术服务业这5大行业的企业数量共592家，占全部行业企业数的89.3%，完成销售（营业）收入65.82亿美元，占全部行业销售（营业）收入的98.6%。

表8　2016年苏州市中国附属机构服务贸易第三产业细分行业投资情况

| 行业类别 | 企业数/家 | 年末从业人员数/人 | 其中中方人员数/人 | 销售（营业）收入总额/万美元 |
|---|---|---|---|---|
| 批发和零售业 | 342 | 2 051 | 500 | 445 841.18 |
| 交通运输、仓储和邮政业 | 12 | 133 | 15 | 17 144.21 |
| 住宿和餐饮业 | 6 | 22 | 11 | 0 |

续表

| 行业类别 | 企业数/家 | 年末从业人员数/人 | 其中中方人员数/人 | 销售（营业）收入总额/万美元 |
|---|---|---|---|---|
| 信息传输、软件和信息技术服务业 | 53 | 755 | 470 | 16 034.43 |
| 金融业 | 4 | 2 | 2 | 2 494.72 |
| 房地产业 | 26 | 88 | 46 | 1 982.29 |
| 租赁和商务服务业 | 111 | 309 | 78 | 172 966.46 |
| 科学研究和技术服务业 | 74 | 637 | 278 | 6 215.85 |
| 水利、环境和公共设施管理业 | 1 | 2 | 2 | 0 |
| 居民服务、修理和其他服务业 | 29 | 206 | 143 | 4 936.68 |
| 教育 | 2 | 4 | 2 | 0 |
| 文化、体育和娱乐业 | 3 | 18 | 0 | 133.35 |

**3. 自然人移动服务贸易发展情况**

2016年，苏州实现自然人移动服务贸易额114.30亿美元，其中出口额为32.46亿美元，进口额为81.84亿美元，逆差额为49.38亿美元。其中，旅行所产生的自然人移动服务贸易进出口额最高，为78.38亿美元，占总额的68.6%，实现的进口额是出口额的2.5倍。2016年在苏留学学生共有13 267人，其中外籍学生6 905名，港、澳、台、华侨子女共6 362名，共完成留学及教育相关旅行出口额7 509.69万美元。

表9 2016年苏州市自然人移动服务贸易发展情况

| 项目 | 进出口总额/万美元 | 出口额/万美元 | 进口额/万美元 |
|---|---|---|---|
| 旅行 | 783 810.20 | 224 287.46 | 559 522.74 |
| ——就医及健康相关旅行 | 2 709.70 | 69.36 | 2 640.34 |
| ——留学及教育相关旅行 | 144 792.09 | 7 509.69 | 137 282.40 |
| ——其他旅行 | 636 308.41 | 216 708.41 | 419 600.00 |
| 劳务外派人员 | 7 013.00 | 7 013.00 | 0 |
| 外国人在苏就业 | 179 335.35 | 0 | 179 335.35 |

续表

| 项目 | 进出口额/万美元 | 出口额/万美元 | 进口额/万美元 |
| --- | --- | --- | --- |
| 其他 | 172 824.38 | 93 303.86 | 79 520.52 |
| 总额 | 1 142 982.93 | 324 604.32 | 818 378.61 |

数据来源：主要为外管局服务贸易国际收支数据，部分采用相关职能部门数据

其他旅游进口：使用外管局个人旅游用途购汇数据

其他旅游出口：使用旅游局入境旅游数据

留学及教育相关旅游出口：使用教育局人数数据

## 二、服务贸易发展形势

### （一）国际服务贸易发展环境良好

#### 1. 全球经济增长需要新的发展动力

自2008年金融危机以来，全球经济依然面临增长乏力、刺激性政策作用衰退、结构性改革尚需时日的状态，经济复苏进程较为缓慢。特别是2016年以来全球经济"黑天鹅"事件频出，经济全球化遇到一定波折，贸易保护主义抬头，传统货物贸易增长面临巨大的挑战。据世贸组织统计，2016年世界货物贸易进出口额同比下降3.3%，货物贸易已连续2年呈下降态势。全球经济的增长亟须新的发展动力。

2016年7月在上海召开的G20贸易部长会议上批准的《二十国集团全球贸易增长战略》中明确提出"促进服务贸易，增强贸易融资，促进电子商务发展以及关注贸易与发展"。这是首次将促进服务贸易发展的意见写进二十国集团的政策性文件，可见国际上充分肯定服务贸易在稳定全球经济和贸易增长中的作用。

#### 2. 全球产业重构推动服务贸易发展

世界主要国家仍然在推进结构性改革道路上前进，新一轮全球产业转移和要素重组加速发展。一方面，由于我国国内竞争优势减弱，新一轮劳动密集型产业加速向东南亚、南亚和非洲等具有成本优势的地区转移；另一方面，MIT研究表明，33%的美国企业考虑将制造业务回迁本土，因此2017年及今后一段时期内，高端制造业或将回流欧美。

此外，近年来IT和互联网技术飞速发展，"第四次工业革命"正处于发展初期，世界的生产方式、消费方式和关联方式在数字化的背景下发生巨大改变，特别是"互联网+"的出现，对传统行业造成一定冲击，也为新兴行业带来发展契机。

产业重构及技术进步对我国以货物贸易为主的对外经济结构形成较大压力，也为服务贸易发展提供了新的前景，拓宽了服务贸易的发展范围，如信息通信行业、数字贸易

等，催生了新的服务贸易商业模式，如跨境电子商务、服务外包等。

### 3. 全球环境问题倒逼绿色经济繁荣

全球气候变暖是当前威胁人类生存的首要问题，2015年宣布通过的《巴黎协定》旨在应对这一问题。根据协定，各方将努力把全球平均气温较工业化之前的水平的升幅控制在2℃以内，我国则承诺到2030年，国内二氧化碳排放量较2005年下降60%~65%。这将促使包括中国在内的世界各国着力调整经济发展模式，努力减少能源消耗，走低碳、绿色、可持续的发展之路。

服务贸易是国与国之间互相提供服务的经济交换活动，素有"绿色贸易"之称，具有低污染、低能耗、高附加值等特点。发展服务贸易相对货物贸易来说，无疑是更绿色环保的贸易方式，能够缓解全球气候变暖这一环境问题。

## （二）我国服务贸易发展机遇难得

### 1. 服务贸易具有良好的发展空间

近年来我国服务贸易发展迅猛，但贸易逆差较大，而美国是最大的顺差国，服务贸易的主导地位和优势地位还掌握在西方发达国家手中，服务贸易的壁垒和贸易保护措施尚少，我国发展服务贸易面临的国际环境相对较为宽松。

与此同时，国内经济形势出现十大变局，一是"超高速增长时代"结束；二是"高成本时代"到来；三是服务经济超过工业经济；四是移动物联网技术革新；五是城镇化水平提升；六是区域融合发展；七是人口红利减退；八是绿色低碳发展；九是公平诉求超过效率诉求；十是投资、出口、消费"三架马车"让位于制度变革、结构优化、要素升级"三大发动机"。随着国内供给侧深化改革和经济转型升级进一步推进，服务贸易的发展范围和空间也得以拓展。

### 2. 新兴服务业催生发展新诉求

新兴服务业伴随技术发展而涌现，不但为社会提供高附加值、高层次和多元化的服务，也为业态创新和商业模式创新提供新的孵化空间。新兴服务业的发展与服务贸易的发展息息相关，也为服务贸易发展提供了新的诉求，例如发展会展贸易、文化服务贸易和服务外包等产业。

### 3. 双向开放带动服务贸易快速发展

中国经济进入发展新阶段，推进产业结构转型升级、国家和社会管理模式创新、参与国际治理体系改革，都迫切需要创新驱动，需要提高双向开放水平。我国参与全球经济竞争的重点从货物贸易转向服务贸易，扩大服务贸易，改善贸易结构，是我国参与国际分工和提高竞争能力的重要举措。同时，扩大双向开放，特别是加大服务业双向投资发展对促进国内"一带一路"基础设施建设、引领国际产能合作、引进国际智力资源等方面具有重要作用。

### (三) 苏州服务贸易发展条件优越

苏州是开放的前沿城市，拥有雄厚的制造业优势和较好的服务业发展环境，创建服务贸易示范城市具有坚实的基础。

1. 双向开放进程领先

苏州是开放大市，全市实际运营的外资企业超过1.6万家，外贸企业达3.2万家。2016年全市新增服务业对外投资项目229个，服务业中方境外实际投资额为25亿美元，同比分别增长25%和42%；完成对外承包工程营业额11.57亿美元，同比增长11.2%。总部集聚区建设取得新成效，全年新增31家总部企业，其中综合型总部企业28家，职能型总部企业3家，累计达114家；新引进和形成的具有地区总部特征或共享功能的外资企业23个，累计达250多家。

2. 开放载体功能卓越

苏州拥有国家级开发区14家、省级3家，发展水平全国领先。海关特殊监管区集聚发展，共拥有7个综合保税区、1个保税港区，进出口额分别占江苏省特殊监管区的87%、全国特殊监管区的15%。苏州是海关总署水陆两路快速通关试点城市，汽车进口口岸、药品进口口岸、水果进口口岸、粮食进口口岸等一系列口岸功能完善。

3. 产业发展实力雄厚

2016年，苏州实现全部工业总产值3.58万亿元，居全国城市第1位。新兴产业产值1.53万亿元，占规模以上工业总产值的比重达49.8%，苏州是先进制造业强市。服务业增加值7 916亿元，同比增长10%，占地区生产总值的比重达51.4%。金融生态良好，年末全市共有金融机构774家，保险机构81家，上市公司113家，"新三板"挂牌企业432家。苏州科技创新能力较强，专利申请量、授权量保持全国城市第1位，连续7次获得"全国科技进步先进市"称号。

4. 开放合作平台丰富

苏州工业园区是中国和新加坡两国政府间合作的旗舰项目，被定位为中国改革开放的试验田。苏州是两岸合作高地，集聚了1万余家台资企业，贡献了大陆与台湾贸易往来的20%。2013年，昆山深化两岸产业合作试验区获批设立。中德、中欧合作快速推进，太仓获批建设中德中小企业合作示范区。苏州是"一带一路"、长江经济带重要节点城市，"苏满欧""苏满俄""苏新亚"等国际班列成为东部沿海地区对接"一带一路"建设的重要战略通道，"苏满欧"国际班列2016年累计发运出口班列120次，运载货物10 706标箱，货值9.77亿美元。

5. 物流配送体系完善

2016年，苏州港港口货物吞吐量为5.76亿吨，苏州港太仓港区共开辟沿海、近洋航线183条，包括内贸45条、洋山支线40条、内河支线76条、外贸干线22条。全市公路总里程 12 680.78 千米，其中高速公路里程为 598.12 千米，是中国高速公路网最密集地区之一。作为全国流通领域现代物流示范城市，苏州拥有 32 个物流园区，8 071 家物流企业，其中国家 A 级以上 185 家，3A 级以上 137 家。苏州国际邮件交换局业务范围涵盖周边其他 4 市，跨境邮包业务量省内第一、全国前十。

### 6. 跨境电商基础坚实

苏州先后获批全国首批电子商务示范城市、跨境贸易电子商务服务试点、贸易多元化试点、海峡两岸电子商务经济合作实验区。现有电商企业 20 多万家，总数居全省第一，开展跨境电子商务的企业超过 2.8 万家。2014 年，"苏州造"内外贸一体化网上销售平台上线运行。

### 7. 历史文化底蕴深厚

苏州是全国历史文化名城。2011 年，苏州又成为全省第一、全国首批"国家公共文化服务体系示范区"，公共文化服务体系、文化产业发展体系、文化遗产保护传承体系和精神文明创建工作体系随着经济社会的发展正不断得到提升和完善，苏州文化软实力和对外影响力逐年增强。全市拥有 8 个国家级、15 个省级和 55 个市级文化产业示范园区（基地），2016 年文化创意产业主营业务收入超过 4 700 亿元，比上年增长 15%。

### 8. 体制机制优势突出

改革开放以来，苏州大力弘扬"创新、创业、创优"精神，敢闯敢试，敢为人先，先后创办了国内第一个自费开发区、第一个内河保税区、第一个两国政府间合作开发区、第一个出口加工区、第一个综合保税区。在长期的改革开放实践中结晶出张家港精神、昆山之路和园区理念三大法宝。2016 年 2 月，经国务院批准，苏州工业园区成为全国首个开展开放创新综合试验的区域。

## （四）苏州服务贸易发展面临一定挑战

### 1. 政策突破需要国家支持

开展服务贸易创新发展试点伊始，苏州市根据自身服务贸易发展情况及面临的困难和问题，提出了 20 项需要进行重点突破的政策和措施，要求苏州各板块、各部门积极向上级争取。经过努力，2016 年已有 5 项任务取得了突破，开始在全市组织实施。其余 15 项政策措施尚待突破，需要国家各部委支持。

### 2. 人才队伍建设刻不容缓

一是重视度尚不到位。由于苏州市规模较大的服务贸易企业较少，服务贸易企业规模小、资产轻、创收少的现象较普遍，并且开展服务贸易创新发展试点工作只有 2 年，相关部门、各市区领导及工作队伍中，对服务贸易创新发展的现实意义及长远意义缺乏深度认识，推进工作的积极性、主动性有所欠缺。

二是专业性有待提高。政府相关人员的专业知识掌握得不够。对外贸易中包含货物贸易与服务贸易，由于前 30 年的对外贸易均以货物贸易为主，因此目前对外经济工作负责人员所掌握的知识结构仍以货物贸易为主，服务贸易领域的专业知识非常薄弱。

**3. 政策、体系构建有待开展**

虽然相关重点行业均有各自的促进政策，但是服务贸易促进政策体系尚未构建，政策的针对性和整体性还有待提高。具体工作包括：服务贸易创新发展试点园区、公共服务平台以及重点企业的认定管理办法亟待出台；技术先进型服务企业所得税优惠政策有待落实；服务贸易企业进行海外市场开拓支持政策还需扩展；等等。

**4. 促进机制、机构尚待建立**

一是政府部门专人负责制度尚不完善。在试点工作推进过程中，我们发现部分市区商务部门由于机构较小，并未单独设立服务贸易相关的处（科）室，服务贸易工作由负责外贸或者商贸服务业的领导和人员兼管，在工作推动上力度不足，工作成效受影响。

二是服务贸易行业促进协会尚待建立。服务贸易行业促进协会由服务贸易企业自发组织成立，通过龙头企业引领、中小企业参与的形式，以协调共商、机遇共享、合作共赢的方式，来促进苏州市服务贸易更快更好的发展。但目前苏州市服务贸易龙头企业对于自身使命和任务的认识尚不到位，行业促进协会还未建立，企业发展服务贸易的自主性尚未显现。

## 三、2016 年苏州服务贸易工作推进情况

**1. 建立健全组织领导机构**

一是成立苏州市服务贸易创新发展试点工作领导小组。市政府成立了以市主要领导为组长，商务局、市发改委等 24 个部门及 10 个市、区政府主要领导为成员的服务贸易创新发展试点工作领导小组。领导小组下设办公室，市商务局主要领导任办公室主任。

二是建立试点推进工作联系协调制度。发挥领导小组办公室的作用，建立服务贸易创新发展工作联系制度，各市区商务部门、市政府相关部门明确分管领导和分管处室，负责试点日常工作的推进和联系。

**2. 召开全市试点工作推进会**

江苏省政府于 2016 年 9 月底批复苏州试点实施方案后，市政府立即上报商务部备案，并于 10 月 10 日召开了全市服务贸易创新发展试点工作推进大会。苏州下辖各市区政府和园区管委会主要领导、市相关部门领导以及各市区商务主管部门领导参加了大会。市主要领导和分管领导全面部署了全市服务贸易创新发展试点工作，强调了服务贸易创新发展试点工作的重要意义，提出了服务贸易规模 5 年"翻一番"、"十三五"末新兴服务业进出口占服务贸易的比重超过 70%、形成一批制度性成果目标和"四个优

先""五个突出"的服务贸易发展要求,要求各部门、各市区积极开展试点工作,寻求创新与突破,为全国提供可复制可推广的苏州经验。

**3. 推动重点行业创新发展**

为推进创新试点工作的落实,我市经过深入调研,制订了运输、金融、知识产权、国际维护和维修、服务外包、文化、旅游7大试点重点行业创新发展的三年行动计划,并在全市推进工作会上与实施方案一起印发,通过方案和行动计划明确了各市、区的试点任务和各部门的具体责任。

**4. 建立全口径统计体系**

一是制定《苏州市服务贸易统计创新工作方案》并印发。计划建立可全面对接国际标准并覆盖世界贸易组织服务贸易总协定4种供应模式的服务贸易统计体系。该体系包括基于国际外汇收支数据的统计、企业直报统计、自然人移动统计、外国附属机构服务贸易统计和中国附属机构服务贸易统计5个统计子系统。

二是加大统计工作推进力度。通过公开招标,于2016年11月完成了系统的软件开发及网上布设。目前基于国际外汇收支数据的统计已经具有统计分析功能,可按月形成分地区、分行业、分国别的服务贸易国际收付汇统计表。基于企业直报的统计子系统正在组织企业进行网上注册,初步工作目标是组织全市排名靠前的1 000家服务贸易企业在线进行直报,了解企业每月服务贸易合同的执行情况。目前已有500多家企业在线进行了注册。

三是加强政府部门的协调,推进数据共享。针对自然人流动服务贸易数据采集的特殊性,我们正在强化旅游局、教育局、公安局、统计局、税务局、人民银行苏州分行等部门的工作协调,争取通过各部门相关数据共享,实现对自然人流动服务贸易相关数据的全面采集,在综合评估的基础上,形成自然人流动服务贸易数据的年度统计。

**5. 落实国家试点支持政策**

认真落实财政部、商务部财行〔2016〕212号《关于2016年度外经贸发展专项资金重点工作的通知》。2016年,我市共获得国家服务外包资金8 574万元和服务贸易公共平台资金800万元,其中,服务外包资金已经全部拨付至各企业和平台建设单位。服务贸易公共平台资金已使用119万元,其中56万元用于支持符合条件的1家平台企业,63万元用于市服务贸易统计系统的前期开发建设。

## 四、2017年苏州服务贸易工作发展规划

**1. 大力推进服务贸易统计系统建设**

经过前期调试运行,目前基于企业收付汇的统计子系统已经正常使用,每月都能按时对全市服务贸易企业收付汇情况进行分类统计,形成全市分行业、分地区、分国别的

统计报表。对基于自然人移动的统计以及商业存在的服务贸易统计进行了认真的研究，形成了统计办法，正在抓紧落实。对于企业直报系统的企业注册工作仍在推进，争取尽快实现企业直报统计的数据采集及分析。

**2. 开展服务贸易创新发展配套政策的研究工作**

经过前一阶段的研究，已初步完成了服务贸易创新发展促进政策的起草工作以及服务贸易创新发展园区、服务贸易公共服务平台的认定管理办法的起草工作，创新发展园区及公共服务平台的认定管理办法目前正在征求各方面的意见，2017年将正式印发并组织评选。

**3. 开展重点行业企业调研**

2017年计划重点调研实施外汇资金集中运营管理的企业、知识产权及文化企业以及国际运行平台企业，了解企业发展中遇到的一些问题和困难以及发展建议，争取针对企业发展中存在的问题开展研究和突破工作。

**4. 推进全市服务贸易创新发展试点工作的实施**

一方面，通过统计系统的建设，推进各市、区建设服务贸易工作网络，掌握重点企业情况；另一方面，推进各市、区抓重点行业、特色行业的建设，争取在创新发展园区建设与公共服务平台的建设上取得实质性的进展。

# 第二部分 专题报告

第二部分　主要报告

# 2016年苏州市服务贸易创新发展经验总结

自2016年2月国务院批复同意苏州市开展服务贸易创新发展试点以来,在商务部和江苏省政府的指导下,苏州市政府围绕试点工作的要求,完成了试点实施方案的编制及报批、苏州市服务贸易创新发展试点工作领导小组的筹建、全市服务贸易创新发展试点工作推进会的召开、七大试点行业领域创新发展三年行动计划的制订等多项试点落实工作,并在扩大"双向开放"、促进贸易便利化、强化金融服务、开展事中事后监管以及创新发展模式5个方面推出了38项创新举措和做法,推动全市服务贸易实现了15%的增长,试点工作按预期进度取得了阶段性成效。

## (一)服务贸易取得明显增长

在苏州市政府的积极推进下,全市服务贸易的发展取得了显著成效。根据外管局数据,2016年全市实现服务贸易总额141.16亿美元,同比增长15%,比去年上升13.2个百分点。其中,出口额为63.13亿美元,同比增长14.8%;进口额为78.03亿美元,同比增长15.1%。从七大试点行业来看,国际维护和维修服务同比增长304.5%,旅行服务同比增长25%,服务外包离岸执行额同比增长6.74%,文化服务同比增长5.9%,知识产权服务同比下降2.8%,运输服务同比下降8.4%,金融服务同比下降21.8%。

## (二)服务业"双向开放"成绩喜人

### 1. 服务业招商引资再创佳绩

苏州市主要领导赴日韩开展制造业和现代服务业招商活动,与30多家日韩知名跨国公司确定合作意向。组织开展"融合创新 合作共赢——苏州·跨国公司恳谈会"活动,市主要领导率各市、区政府及相关部门负责人赴沪与100多位跨国公司区域总部高层、美日新等国驻沪领馆高官务实对话、共谋发展。2016年苏州市服务业新设外资项目503个,占总数的71.7%,注册外资29.7亿美元,占总额的45%。现代服务业新设项目、注册外资分别占服务业的35%和38%。

### 2. 服务业对外投资快速增长

积极实施"走出去"战略,组织企业参加印度、哈萨克斯坦、澳大利亚、荷兰、英国、"一带一路"沿线国家推介会以及东盟外交官代表团座谈会,推动我市企业以商业存在的方式投资境外、提供服务。2016年全市新增服务业对外投资项目229个,服务业中方境外实际投资额25亿美元，同比分别增长25%和42%。2016年完成对外承包工程营业额11.57亿美元，同比增长11.2%。

### （三）服务贸易特色主体培育成效明显

#### 1. 总部经济发展再上新台阶

2016年全市新增31家总部企业，其中综合型总部企业28家，职能型总部企业3家，累计达114家。新引进和形成的具有地区总部特征或共享功能的外资企业23个，累计达250多家。

#### 2. 创新型企业和品牌企业培育工作扎实推进

组织开展苏州市服务业创新型示范企业的认定工作，认定江苏绿岩生态技术股份有限公司等30家企业为第二批苏州市服务业创新型示范企业，累计达75家，涵盖金融服务、科技服务、软件和信息服务、创意设计、人力资源等多个领域，其中技术创新12家，商业模式创新16家，品牌创新2家。江苏国泰国际集团有限公司等15家企业入围中国服务业企业500强。

### （四）改革创新成果丰硕

根据服务贸易创新发展试点八大任务的要求，苏州市积极开展改革、开放、创新，在扩大开放、贸易便利化、强化金融服务、开展事中事后监管、发展模式创新5个方面推出了38项改革创新的具体举措，取得了丰硕成果。

#### 1. 在扩大开放方面

（1）简化外资准入程序。做好国家、省下放项目核准事项的对接，最大限度缩小外资项目的核准范围，进一步扩大项目备案范围，简化外资项目备案管理程序，核减备案项目申报材料，下放项目备案管理权限。目前绝大部分投资准入事项实现无纸化电子备案，程序更简便、办理更高效，投资便利化程度进一步与国际接轨。在服务业开放方面，已有13家外资融资租赁企业获准兼营商业保理业务，对外资融资租赁企业设立子公司不设最低注册资本限制、外资投资性公司股份制改造、设立外资资信调查公司等政策也均已落地。

（2）改革境外投资管理体制。进一步确立企业境外投资主体地位，实行备案为主、核准为辅的境外投资管理模式，优化境外投资管理流程，实现境外投资工作从以审批为主向投资促进为主的转变。除国家规定的项目外，中方投资额20亿美元以下的其他项目，全部实施备案管理，苏州工业园区实行境外投资自行备案，备案时限减到3个工作日。

（3）推进并联审批，规范中介服务及"多评合一"制度。出台《关于推进企业投资建设项目并联审批规范中介服务的意见》，对于市权限内审批事项，除选址、用地两项前置外，全面推行企业投资项目核准并联审批。贯彻落实《关于实行企业投资项目"多评合一"制度的实施意见》，制定"多评合一"的实施细则。明确强制性中介服务事项清单，稳步开展规范行政审批中介服务专项治理工作。

（4）深化商事登记制度改革。在企业登记住所方面，出台《放宽市场主体住所（经营场所）实施意见》并制定《苏州市商务秘书公司登记管理试行办法》和《苏州市放宽市场主体住所（经营场所）登记条件操作办法》两个配套文件，统一规范市场主体住所（经营场所）登记。在企业名称方面，完成在网上对外开放企业名称库工作，开通网上企业名称预核申请，年内完成企业名称自主选择系统的开发。昆山和高新区开展"一址多照"试点。

（5）建立"走出去"服务体系。一是搭建境外人才培育、境外商事法律培训平台。组织企业参加境外企业集团外汇和人民币资金集中运营管理培训班、"一带一路"建设法律实务研修班、香港法律服务论坛、全省对外承包工程高级管理人员培训班等活动。二是搭建企业家互助服务平台。举办苏州市"走出去"企业家交流会，分享对外投资合作的经验和资讯，实现资源共享和抱团"走出去"。三是建立苏州市知识产权海外预警平台，为企业国际参展、国际贸易以及知识产权纠纷提供帮助。四是加强文化"走出去"项目组织。青春版《牡丹亭》先后赴德国柏林、英国伦敦等地巡演，苏州评弹赴美国参加首届国际爱乐节开幕式演出，芭蕾舞剧《胡桃夹子》赴卡塔尔参加"2016中国—卡塔尔文化年"演出；苏州博物馆文创产品展赴意大利、苏州碑刻技艺展赴英国、中国昆曲文化图片展赴拉脱维亚、"精彩江苏——苏州国画院中国画作品展"赴德国展示、展出。全年文化"走出去"项目47批次，涵盖"一带一路"沿线中东欧和欧美23个国家和地区。

**2. 在贸易便利化方面**

（6）持续推进加工贸易转型升级。全面实现加工贸易无纸化报核、联网企业无纸化报核、电子化手册无报关单报核；成功开展全球维修业务试点；成功开展加工贸易工单核销试点，并完成一周期核销。

（7）构建全球维修产业监管制度。通过对全球维修产品采取"全数核查、全过程监控、全数复出口"的"三全"监管方式，努力构建"六个一"全球维修检验监管新机制，即创建一个全过程监管机制、建立一套企业维修管理制度、制定一套企业维修流程、开发一个信息化管理系统、探索一套对企业和产品差别化管理模式、构建一个质量共治合作机制。目前，苏州地区开展全球维修和再制造的企业已达到20家。推进全球维修业务低成本、高效率地解决海外市场的售后服务问题，吸引了跨国企业的产能转移，极大地提高了苏州企业的国际竞争力。

（8）率先实行检验检疫无纸化综合改革。通过该系统贯通申报数据化、派单随机化、流转网络化、操作移动化、记录电子化、放行自动化、档案数字化七个关键环节，依托"双网双+"手段,综合集成监管场地和装备建设、模式和手段创新、检测技术革新等内容,在苏州部署建设了检验检疫全程无纸化综合改革样板。

(9)推进太仓港"单一窗口"建设。截至2016年11月底,通过太仓港"单一窗口"平台,共完成一般贸易货物申报及结果反馈11 966票,进出境船舶申报2 349艘次。目前太仓港"单一窗口"一期功能基本完备,实现海关船舶结关无纸化、检验检疫船舶无纸化和水运系统对接改造,取消多头客户端,全面实现通关申报和结果反馈全互联网模式。太仓港为江苏首家国际贸易"单一窗口"运行口岸。

**3. 在金融服务方面**

(10)建立苏州综合金融服务平台。2016年,平台注册企业已超11 700家,为4 700多家企业解决近万笔共1 295亿元融资需求,平台融资需求解决率达到75%;融资成本低于企业平均贷款利率1~2个百分点。从企业分类看,知识产权企业和高新技术企业分别占28.6%和10%。

(11)建立苏州地方企业征信系统。系统共对接18个政府部门及水、电、气3个公共事业单位。累计征集企业授权约9.6万户,累计采集数据近4 000万条。征信平台的授权模式和运营模式在全国属创新之举,引起了国办金融局的关注,人民银行和人民银行江苏省分行也多次来苏专题调研征信平台建设情况。

(12)建立创新创业金融支持中心。已有27家银行、7家保险公司、1家金融租赁公司的"支持中心"通过验收。

(13)创新金融工具。鼓励金融机构为创新型轻资产企业提供信用融资,460余家企业获得222亿元信用贷款;近1 230家企业获得超过76亿元"首贷""首保",非抵、质押类贷款金额600多亿元,占比超56%。设立首期规模10亿元的信用保证基金,与银行、担保公司(保险公司)共担风险,1 000余家企业获得超过32亿元的"信保贷"。设立首期规模1亿元的投贷(保)联动引导基金。

(14)创新服务小微企业。积极推动小微金融端口前移试点扩面。目前,苏州银行、常熟农商行两家首批试点银行已成功拓展合作电商平台51家,为991户企业线上授信余额23.11亿元。张家港农商行、昆山农商行、吴江农商行和太仓农商行第二批试点工作全面启动。

(15)加强金融业对"走出去"、文化、知识产权的服务。一是落实知识产权质押贷款补贴政策,补贴资金121万元。二是搭建"走出去"金融支持平台,深化银政企合作。梳理重点企业融资需求与国家开发银行苏州支行对接,联合中国出口信用保险公司发布支持"走出去"出口信用保险政策。三是深化金融对文化产业的支持。修订《苏州市文化创意产业投资引导基金管理办法》,"文贷通"全年为11家文创企业提供贷款担保2.1亿元,文化产业中小企业信贷风险补偿专项资金为30家文创企业提供了5 999.5万元的风险补偿额度,拉动银行对文创企业发放贷款23.9亿元。

### 4. 在事中事后监管方面

（16）建立对外投资经济合作事中事后监管制度。出台"苏州市对外投资国际合作事中事后监管制度"，上线运行"苏企海外通"对外投资和经济合作事中事后监管软件系统。

（17）搭建旅游市场综合监管平台。一是旅行社诚信管理平台一期上线运行，与市诚信平台有效对接。推广旅行社电子合同，年新增旅游电子合同约 4 万份、涉及游客约 20 万人次，同比增长超 1 倍。二是成立了苏州旅游数据中心并即将实体化运作。三是设立了"12345"旅游专线，推动建成"苏州旅游纠纷人民调解委员会""姑苏旅游巡回法庭"。

（18）建立专利违法行为公示制度。认真贯彻落实国务院执法信息公开的要求，将违法企业相关信息建立知识产权侵权违法行为档案，定期将假冒专利、专利侵权等信息报送市政府企业、个人信用信息系统。

（19）建设苏州服务贸易统计系统。建设包括基于企业收付汇、企业服务贸易合同、自然人流动、境内外商业存在等子系统的苏州市服务贸易统计系统。目前已完成 5 个系统的软件开发工作，正在开展基于企业收付汇、企业服务贸易合同两个子系统的调试及试运行，并组织全市 1 000 家服务贸易企业在直报系统进行注册。

### 5. 在发展模式创新方面

围绕苏州市服务贸易创新发展试点实施方案确定的运输、金融等七大重点行业，积极推进创新发展工作，一些创新措施和做法已取得阶段性成果。

**运输服务**

（20）推动多式联运发展。由苏钢集团牵头，联合苏州高新区综合保税区、太仓港港务集团、苏州铁路西站申报的"苏南公铁水集装箱多式联运示范项目"入选江苏省多式联运示范工程项目，并已由江苏省推荐到国家交通部，成为国家级多式联运示范工程项目候选，将助推企业转型升级。"苏满欧"国际铁路货运班列经过 3 年运作，初步形成了集中欧、中亚、中俄进出口班列为一体的国际铁路货运班列平台。"苏满欧"出口班列 2016 年共发运 120 列、10 706 个标箱，同比分别增长 33.3% 和 27.6%。

（21）加快港口转型升级。推进苏州港（太仓港区、常熟港区、张家港港区）向现代化综合服务型港、集装箱干线港、江海联运中转枢纽港转型发展。2016 年苏州港完成货物吞吐量 5.76 亿吨，其中外贸货物 1.5 亿吨，集装箱吞吐量突破 540 万 TEU。目前，苏州港太仓港区共开辟沿海、近洋航线 183 条，包括外贸干线 22 条。

（22）推进虚拟口岸建设。苏州物流中心虚拟空港项目，依托苏州工业园区综合保税区，搭建虚拟海陆空港物流平台，接入了全球 SITA 系统，实现了苏州货站与航空公司航班信息数据交换，目前已为近 2 000 家企业代理了空陆联运进口业务，为 200 余家企业代理开通了陆空联运出口业务，成功对接和打通上海浦东机场、虹桥机场、南京禄口机场、杭州萧山机场以及苏南硕放机场的货运通道。

（23）推进智慧物流发展。由江苏物润船联网络股份有限公司开发建设的长江经济带多式联运公共信息与交易平台，作为政企合作项目，具有政府监管和企业市场化运作的双重属性，已正式上线运营。该平台涵盖了水路、铁路、公路、港口等运输节点的信息发布、运力在线交易、物流路线优化、多式联运解决方案、政府监管、政策发布等功能。

（24）推进跨境电商与国际物流对接。苏州国际快件处理中心2016年处理邮件量突破5 415万件。进出口邮件业务增幅主要来源于国际小包和国际E邮宝等跨境物流产品，96%以上均为跨境电商类邮件。苏州邮政速递物流公司国际邮件处理量连续三年增幅超过100%，年服务跨境客户数达2 000多家。公司建立海外仓服务系统和网络，覆盖美、英、德、澳等欧美国家，总仓库面积达3万平方米以上。以在线发运平台为载体为企业提供各类物流服务。建立跨境综合服务平台和进口国际邮件邮政服务系统，年服务客户数超1万人次。

**知识产权服务**

（25）搭建知识产权运营交易平台。2016年11月，江苏国际知识产权运营交易中心正式开业。中心采用线上线下相结合的商业模式，为会员技术和知识产权需求、知识产权转让、许可、投资、入股、质押以及其他转化运用活动提供服务。苏州市知识产权服务超市也正式上线运行。

（26）建立苏州知识产权服务业集聚区，并获国家知识产权局批准成为全国知识产权服务业集聚示范创建区，目前全国仅3个。

（27）开展知识产权投融资试点。工业园区获批成为全国首批开展知识产权投融资试点区域，目前已制定实施方案和相关扶持及监管政策，正在积极构建园区知识产权投融资服务支持办法。

**金融服务**

（28）深化人民币跨境业务创新。跨境人民币创新业务试点扩面共享。苏州工业园区跨境人民币创新试点扩大至全市范围，2016年9月末，跨境人民币贷款参与企业数达49家，跨境人民币贷款提款金额37.7亿元，股权投资基金人民币对外投资20笔，对外投资金额26亿元；台企集团内部人民币双向借款企业数达275家，双向借款金额达149亿元，昆山深化两岸产业合作试验区跨境人民币贷款业务试点获批并正式启动；张家港外债宏观审慎管理试点深入推进；在全省率先推进本外币一体化管理，利用新政已办理跨境融资25笔，折合人民币近20亿元。

（29）探索"股权+债权""投资+贷款+保险""投资+保险"等投贷保结合业务。人保总公司与苏州地方创投共同出资设立总额5亿元的科技保险创业投资基金，为全国首例保险资金直投科技企业债权。

（30）推动在苏设立跨国公司跨境财务结算中心。大力开展外汇资金集中运营，17家企业获批开展业务，合作银行从2家扩大到8家。芬欧汇川、亨通财务等公司已设立并运营亚太区跨境财务结算中心。

**服务外包**

（31）修订《关于加快苏州市服务外包创新发展的若干政策》。拟对企业设立境外接包中心给予支持。支持服务外包信息安全及知识产权保护体系建设，支持服务外包公共平台建设，支持服务外包专业园区建设。

（32）加强各级示范基地建设。截至2016年，苏州已形成了"1+2+8"服务外包基地发展架构，即拥有1个国家级示范基地、2个省级示范城市和8个省级示范区。

**国际维修和维护服务**

（33）推动全球维修业态创新。苏州市以"高技术含量、高附加值、无污染"为基本准则，制订出台《苏州市国际维修和维护业务创新发展试点行动计划》，积极申报创建"国家高新技术产品入境维修检验监管示范区"，促进企业从加工贸易转型到技术含量更高、附加值更丰厚的服务贸易。

（34）推动产业链延伸。推动加工贸易企业由原来的加工制造环节向后期检测维修服务延伸，形成以生产订单带动维修订单、以维修订单促进生产订单的良性循环，有效拓展企业市场空间。世硕电子建立起百万级的苹果手机维修再制造生产基地，年产能超过10亿美元。名硕电脑2016年获得全球维修资质后，2016年的维修货值预计达3.4亿美元。

**文化服务**

（35）搭建文化贸易发展新平台。举办第五届苏州创博会，参展单位覆盖全国22个省（市、自治区）、58个国家和地区，参展企业948家，参展作品5.8万件，共举办各类对接、论坛活动38场，现场签约项目266项，实现交易总额65.4亿元。成功举办"2016中国苏州动漫国际合作峰会"，签订6 800万美元的动漫版权合作交易合同，成为中国动漫企业走向国际市场、探索开展版权合作的重大成果。

**旅游服务**

（36）启动城市旅游服务总入口工程。线上总入口集信息查询、线上导览、在线预订、信息推送和公共服务于一体，年内已完成方案设计招标。线下总入口集旅游集散、旅游咨询、交通换乘等功能于一体，现已完成汽车西客站试点工作。

（37）完善旅游咨询服务体系，优化"苏州好行"等特色服务。"苏州好行"现营运7条精品线路，全年服务游客60万人次，月均接待量环比增幅约200%。

（38）利用国际网络平台，大力开展境外营销。持续运营Facebook、Twitter、Instagram、Youtube等国际社交平台。年初组织启动的"让全世界通过网络看苏州"活动，吸引了超过20亿人次的海外游客的关注。与全球最大的旅游评论网站"猫途鹰"合作，联合打造苏州"国际旅游目的地"品牌形象。成功举办"千名美国游客游江南水乡"等活动。

# 2016年苏州市服务外包产业发展报告

自2009年获批中国服务外包示范城市以来,苏州市依托开放型经济优势和生产制造业,大力发展服务外包产业,规模由小到大实现了跨越式发展。2016年以来,苏州市又紧紧抓住国务院赋予苏州市开展服务贸易创新发展试点的战略机遇,深化服务外包体制创新,推动业态结构向高端化发展,产业的国际竞争力显著提升。2016年,苏州市服务外包出口收汇33.99亿美元,稳居全国第一方阵和江苏省首位,服务外包产业呈现出量增质升的发展态势。

## 一、加快示范城市建设,推动产业持续健康发展

苏州市服务外包产业发展环境和总体水平位居全国前列。在2014年度和2015年度中国服务外包示范城市综合评价中,苏州市分别以综合得分163.37分和170.6分名列第四。2016年,苏州市服务外包产业持续稳定发展,并呈现以下特点:

### (一)产业规模稳步扩展,离岸执行额占全国近一成

2016年,全市新登录服务外包企业387家,累计达3 243家;完成接包合同额128.45亿美元,离岸执行额66.88亿美元,同比分别增长7.80%和6.74%。全市接包合同额和离岸执行额分别占全省总额的26.53%和30.19%,占全国总额的8.72%和9.5%,产业规模继续保持在全国、全省的位次。

### (二)离岸业务健康发展,外包收汇水平全省领先

根据国家外汇管理局国际收支平衡表(BOP)统计,2016年苏州市服务外包出口收汇额为58.88亿美元,占当年全市服务外包离岸执行额66.88亿美元的88.03%,同期无锡市、南京市的离岸执行收汇水平分别为15.85%、35.49%。2016年,苏州市有离岸外包业务的企业服务贸易收汇额为33.99亿美元,占全市外包离岸执行额66.88亿美元的50.82%,苏州市离岸外包收汇水平居于全省首位。

### (三)业态全领域覆盖,产业结构向高端攀升

苏州市实现了信息技术外包(ITO)、业务流程外包(BPO)和知识流程外包

(KPO) 3个领域共35个类别的全覆盖发展,并形成软件研发、信息技术服务、工业设计、生物医药研发四大服务外包优势业态,四大优势业态离岸执行额占全市离岸执行总额的59.97%。2016年离岸执行ITO、BPO和KPO分别占全市离岸执行总额的22%、11.25%和66.75%,代表高端服务外包的离岸执行KPO占比分别高于全省、全国26.48和30.25个百分点。以工业设计、工程技术、生物医药研发为主的KPO在全市外包业态中占主导地位,服务外包产业结构不断向高端攀升。

### (四) 市场以境外为主,深层次开拓市场显成效

苏州市服务外包企业国际化程度较高,业务以离岸为主。2016年全市离岸执行额占合同执行总额的69.32%,高于全省15.04个百分点。全市共承接了110个国家(地区)的离岸服务外包业务,超千万美元的国家和地区共33个,美国、日本、中国台湾、中国香港、新加坡、德国、韩国、荷兰、瑞士和卢森堡成为我市十大外包来源国或地区,占总额的比重为83.78%。承接"一带一路"国家服务外包离岸执行额7.14亿美元,占全市离岸执行额的10.67%,同比增长38.71%。

### (五) 企业服务能力提升,发展向创新驱动转变

2016年,苏州市共有金唯智生物科技、凌志软件等15家企业获评"中国服务外包成长型企业",数量列全国首位。自2014年到2016年,全市累计通过CMM/CMMI3级以上企业数为21家,累计通过ISO 27001国际认证的企业数为35家。2016年,苏州市技术先进型服务企业达96家,居全省第一、全国第三。苏州工业园区凌志软件股份有限公司研发出为互联网证券业服务的智能化数据管理平台;苏州大宇宙信息创造有限公司结合对日外包形成的人工智能对话技术,开发出适合国内大型企业的CRM客户关系管理产品。苏州市服务外包企业的技术能力和专业服务水平不断提升,已由成本驱动向创新驱动转变。

## 二、主动融入国家战略,成效显著

近年来,苏州市服务外包产业主动融入"中国制造2025""一带一路""战略性新兴产业""双创"等国家战略的落实和实施,取得了明显成效。

### (一) 与制造业融合发展,力推"苏州制造"向"苏州智造"转型

苏州市深入实施"中国制造2025",坚定"制造强市"战略,大力推进服务外包产业全方位参与两化融合、智能制造,坚持制造与服务相结合,引导制造业向服务化发展,提升苏州制造价值含量。一是依托苏州的制造业优势,搭建制造业服务化的技术交

流、业务合作平台。大力引进各类共享服务中心，鼓励企业将研发设计、采购、物流运输、订单处理、销售等环节服务外包，实现生产型制造向服务型制造转变。二是加强制造业应用软件开发，向客户提供全方位的技术解决方案、研发设计和咨询服务。主动融入智能制造，以 MES（制造业生产过程执行系统）为中心重点发展与智能制造、企业生产全过程有关的软件开发，为制造业企业实现信息化转型发展提供技术服务，全力推动"苏州制造"向"苏州智造"转型，为"中国制造 2025"做出贡献。

### （二）与战略性新兴产业结合，引领全市生物医药产业向国际化发展

近年来，苏州市以纳米、太阳能应用、医疗器械与新医药等为代表的战略性新兴产业发展迅速。以生物医药产业为例，苏州市以工业园区生物医药、高新区医疗器械、吴中区生物医药、昆山小核酸、太仓生物医药五大产业园为主要载体，带动全市生物医药产业发展。2016 年，苏州信达生物、诺华制药、礼来苏州、百特医疗、药明康德、汉德创宏、金唯智、东曜药业、住友制药、太仓制药厂研发中心、福英基因、信乐美医药、天马精细化学品 13 家生物医药研发龙头企业离岸执行额超千万美元以上，累计金额 3.58 亿美元，占全市生物医药离岸执行总额 4.76 亿美元的 75.28%，带动了全市生物医药产业向国际化发展。

### （三）与互联网、大数据战略相结合，形成一批规模大、业态新、示范强的平台企业

2016 年，苏州市积极推动国家大数据战略，制定并出台《关于促进大数据应用和产业发展的若干政策意见》，正式发布《苏州市大数据产业发展规划》，成功举办了 2016 中国（苏州）数字经济与创新发展大会，组建了苏州市大数据产业联盟，积极筹建苏州市大数据产业引导资金和大数据产业发展基金。苏州市深入引导互联网、大数据战略与重点服务业产业相结合，形成了一批规模大、业态新、示范强的平台企业。2016 年，中国移动苏州研发中心的"大云大数据产品及其应用"获工信部优秀成果与应用奖，"大云大数据平台"获中国信息通信与"互联网+"应用优秀成果金奖。蓝海彤翔通过众智、众筹等新型商业模式，打造了全球第一个支持文化创意在线创作的"创意云"平台。2016 年 9 月，蓝海彤翔成为首批由财政部牵头的国家中小企业发展基金 9 家签约企业之一，形成"互联网+文化创意+金融"的新型产业生态，对全市文化产业转型升级起到了积极的引导作用。张家港市形成了"互联网+现代物流"物润船联中国内河航运物流智慧平台，"互联网+综合服务"电子口岸综合服务平台，一达通、慧贸通外贸综合服务平台。张家港国泰新点在"互联网+政务服务"领域积极探索新技术、产品、方案，截至 2016 年，其政务服务业务覆盖全国 26 个省、直辖市，共积累了 300 多个案例。

### （四）与"一带一路"倡议相结合，构建苏州"带路"建设新格局

苏州市抓住"一带一路"倡议机遇，在国家开放大布局中发挥先行先导作用，支持有条件的企业加快建立面向全球的贸易、投融资、生产、服务和研发网络，努力成为国际资源的整合者，在全球市场拓展新的发展空间。"苏满欧"国际运行班列，是苏州市开辟的不经过新疆阿拉山口的新的向西战略大通道。2016年该班列运量5.9万吨，为全国第二名。2016年苏州市企业在"一带一路"沿线投资60个项目，中方协议投资额5.99亿美元，其中在埃塞俄比亚投资的东方工业园累计吸引入园企业65家，上缴埃塞俄比亚政府各项税收5 159万美元，创造就业岗位8 030个，是埃塞俄比亚首个开发区，有效带动了当地工业化发展。苏州市服务外包企业积极融入"一带一路"倡议，2016年，苏州市承接"一带一路"沿线国家离岸执行额7.14亿美元，同比增加38.71%，高于离岸执行总额6.74%的增速。全市共承接44个"一带一路"沿线国家离岸外包业务，其中对新加坡、马来西亚、泰国、土耳其、俄罗斯、捷克、印度、孟加拉国、波兰、菲律宾10个国家（地区）的离岸执行额超千万美元，占比93.08%。苏州市"一带一路"离岸执行额占全市离岸执行额的比重为10.67%。

### （五）与国家人才战略相融合，成为"千人计划""双创计划"的亮点

近年来，苏州市在实施"重大创新团队""千人计划""双创"等国家人才战略中涌现出越来越多的从事服务外包的企业。在2016年苏州市启动实施"重大创新团队"计划的4个项目中，就有由信达生物制药（苏州）有限公司董事长俞德超（单克隆抗体新药）、中科苏州地理科学与技术研究院周成虎（遥感大数据）等率领的2家服务外包企业的团队入选。2016年，苏州市新增国家"千人计划"人才32人，累计达219人，其中创业类120人，列全国大中城市第一；新增省"双创"人才104人，累计达683人，连续10年位列全省第一。信达生物制药（苏州）有限公司、天演药业（苏州）有限公司、花桥华拓数码科技（昆山）有限公司等一大批从事服务外包研发和技术服务的企业，已成为苏州实施"千人计划""双创计划"国家人才战略中的亮点企业。

## 三、发挥辐射效应，助推开放型经济转型升级

近年来，苏州市服务外包示范城市建设的辐射效应显著，对优化全市开放型经济结构、推动制造业转型升级和区域经济发展的贡献日益增强。

### （一）促进外贸发展方式的转变

一是成为苏州市外贸出口增长新的推动力。2016年，苏州市服务外包离岸执行额

占全市一般贸易出口的比重为12.62%，比"十二五"初2010年的4.1%增加了8.52个百分点，对苏州市外贸出口转变发展方式起到了积极的促进作用。二是成为苏州市服务贸易出口的主力军。根据国家外汇管理局国际收支平衡表（BOP）统计，2016年苏州市服务外包出口收汇额为33.99亿美元，占全市国际服务贸易出口收汇额63.13亿美元的53.84%，占全省国际服务贸易出口收汇额的31.08%。

### （二）带动利用外资质量水平的提升

近年来，苏州市加大对服务外包产业的招商力度，在各地区现有的招商平台基础上，组建专业的服务外包产业招商团队，着力吸引智能制造、生物医药、新能源、新材料等新型产业和技术项目；加大跨国公司研发设计、物流配送、采购销售和其他共享服务中心、行政管理总部的招商力度。截至2016年，全市服务业、战略性新兴产业和高技术项目实际使用外资占比分别达到42.9%、50%，累计引进各类外资地区总部和功能性企业260家。2016年，全市新引进和形成的具有地区总部特征或共享功能的外资企业30家，包括地区总部16家、营销及采购中心3家、物流配送中心3家、财务结算中心3家、研发中心4家、其他功能性机构1家。其中，地区总部多为中国区总部，部分功能性机构履行跨国公司的亚太区研发、营销等共享服务职能，功能层级较往年有显著提升。服务外包产业的深入发展，带动了全市利用外资质量水平不断提升，综合溢出带动效应明显。

### （三）促进境外投资领域结构优化

近年来，苏州市境外投资领域呈现制造业、服务业、资源开发和高科技四业并举的发展格局，尤其是商务服务业、信息传输、计算机服务及软件业投资项目增长迅速。2016年，苏州市新增第三产业境外投资项目229个，占比68.6%，同比增长25.1%。其中，商务服务业类投资项目43个，中方协议投资额3.8亿美元，占比12.8%；信息传输、计算机服务及软件业投资项目25个，中方协议出资额2.5亿美元，占比7.5%，同比增长25%。2016年，苏州蜗牛数字科技股份有限公司在美国投资1.2亿美元建立方舟游戏公司，江苏广和慧云科技股份有限公司在香港投资2 000万美元建立城市产业互联网运营有限公司，益新（中国）有限公司在香港投资近2 000万美元建立中国基因工程有限公司，苏州市服务外包信息软件企业和研发企业走向境外，促进了境外投资结构的优化。

### （四）推动区域经济特色化发展

截至2016年，苏州市已形成了"1+2+8"的服务外包发展架构，即1个国家级示范基地、2个省级示范城市和8个省级示范区。苏州工业园区是"全国服务外包示范基地";昆山市、太仓市是"江苏省服务外包示范城市";花桥经济开发区、苏州高新区、吴中经济开发区等8个开发区是"江苏省国际服务外包示范区"。苏州工业园区以国际科技园、苏州生物纳米科技园、2.5产业园等为主要载体，发展软件开发、生物医药、研发设计、动漫创意、共享中心等服务外包业态，全力打造中国服务外包产业第一园。苏州高新区依托科技城和创业园，努力发展软件开发、医疗器械研发和知识产权认证等外包业态。昆山市、太仓市、常熟市分别在金融BPO、生物医药研发、汽车研发等服务外包领域集聚发展，成效显著。

### （五）拉动制造业向价值链高端发展

截至2016年，苏州市已有IBM、富士通、凯捷等30余家世界500强、全球服务外包100强和国内服务外包十大领军企业落户发展。近年来，依托制造业高度集聚的产业优势，苏州市积极争取跨国公司把研发中心、结算中心、物流中心等多种类型的共享服务功能性机构转移至苏州，如丰田汽车研发中心、华硕科技研发中心、强生财务共享中心等。跨国公司功能性机构的纷至沓来，带动了服务外包产业发展，同时也促进了制造业转型升级。2016年，苏州市现代制造业和高技术产业项目数、注册外资分别占42%和51%。车用新材料、新能源电池、核心零部件、房车设计等汽车产业细分领域；单克隆抗体药物、新型诊断试剂、3D生物人工组织等生物医药产业细分领域；机器人、环保设备、工业测试设备等高端装备制造产业细分领域，均得到进一步发展。外资制造业新型产业链逐渐形成，成为苏州市建设具有国际竞争力的先进制造业基地的生力军。

## 四、强化政策体制创新，营造良好的产业发展环境

近年来，苏州市发挥市国际服务外包领导小组成员单位及相关部门的作用，举全市之力，深入发展服务外包产业。2016年，各地区、各部门纷纷出台了一系列政策和措施，在体制机制和发展模式上创新发展，对全市服务外包产业持续健康发展起到了积极的引导和推动作用。

### （一）注重国家试点创新，先行先试为全国推广积累经验

2016年2月，国务院批准苏州市开展服务贸易创新发展试点，苏州市围绕试点要求，经过深入调研，制订了试点实施总体方案和运输、金融、知识产权、国际维护和维修、服务外包、文化、旅游七大重点领域创新发展试点行动计划。其中《苏州市服务外包产业创新发展试点行动计划》提出了9项实施措施和3项保障措施，不断创新服务外包体制机制，推动苏州市服务外包产业在更高的平台上继续稳定发展。2016年，苏州市服务贸易创新发展试点工作取得了阶段性成果，如积极开展全球维修保税业务试

点，推动加工贸易企业由原来的加工制造环节向后期检测维修服务延伸，有效拓展企业的市场空间；已形成了"1+2+8"服务外包基地发展架构，即拥有1个国家级示范基地、2个省级示范城市和8个省级示范区；共上报商务部38项创新举措和做法，当年全市服务贸易实现了15%的增幅。

### （二）注重规划政策推动，全市产业促进政策日趋完善

进入"十二五"后，苏州市编制了《苏州市服务外包产业"十二五"发展规划》，2011年，出台了《苏州市服务外包产业新三年跨越发展计划》和《关于促进服务外包跨越发展的若干政策》，2014年修订了《关于促进服务外包跨越发展的若干政策》，这些政策和规划对苏州市服务外包产业健康发展起到了支撑和引领的作用。"十三五"以来，苏州市积极开展服务外包产业政策创新实践。2016年，出台了《苏州市服务外包创新发展试点行动计划》，聚焦服务外包产业创新发展，在鼓励服务外包企业做优做强、增强自主创新能力、走出去国际化发展、外包主体高端化发展等方面提出了具体且明确的措施，继续推动全市服务外包产业健康发展，实现从外包大市向外包强市的转变。

### （三）注重各级资金争取，引导和推动产业做优做强

2016年，苏州市获得国家资金8 038万元（其中，人才培养4 688万元，研发创新2 612万元），占全省的比重为40%；获得省级资金3 144万元（其中，龙头型企业300万元，骨干型企业630万元，成长型企业1 270万元），占全省的比重为31.5%。市级财政兑现上年度服务外包资金3 519.9万元，配套中央财政资金991.24万元。苏州市获得国家级服务外包平台资金800万元，用于支持苏州药明康德新药开发股份有限公司、苏州国科综合数据中心有限公司、中美冠科生物技术（太仓）有限公司等6家公司的公共服务平台建设。各级财政资金的杠杆撬动，对苏州市扩大服务外包招商引资、促进服务外包企业做优做强、推动服务外包产业健康发展起到了积极的作用。

### （四）注重公共平台建设，支撑服务外包产业提升发展

苏州市重视服务外包公共平台建设。2016年，全市有一定规模的服务外包公共服务平台53家，其中生物医药技术平台13家、动漫文化技术平台8家、信息服务平台6家、人才培训平台6家、软件服务平台6家、检验检测平台6家、云计算平台4家、物流平台3家、知识产权平台1家，形成了类别较全的平台服务体系。平台专业化水平较高，药明康德、昭衍等生物医药平台获得了AAALAC、GLP等国际认证，国科数据中心是亚洲首个获得国际TIER IV认证的数据中心。苏州市公共服务平台以其专业化的技术和公益性的定价，为服务外包企业提供技术和人力资源支持，助力企业承接国际服务外

包合同，成为我市服务外包产业提升发展的重要支撑。

**（五）注重专业人才培养，形成多渠道、多层次的培育体系**

苏州市服务外包企业、园区、培训机构以及高等院校等各类主体积极参与服务外包人才培训工作，全市服务外包人才培训体系基本形成。苏州工业园区服务外包职业学院是国内首家服务外包学院，专门培育服务外包职业人才。2016年，苏州大学等6家院校获批江苏省高等学校服务外包类专业嵌入式人才培养项目15项。截至2016年，NIIT、IBM、思科等国际知名服务外包培训机构在我市设立了实训基地。全市已经认定的省级服务外包人才培训基地9个，市级服务外包人才培养培训基地49个。根据市人社局统计，2016年新增服务外包培训人员达1.54万人，占当年全部新增从业人员的4.49%。多渠道、多层次的培训体系为我市输送各级各类服务外包专业人才。

**（六）注重国际交流合作，推进企业参加境内外专业展会**

一是组织企业积极参加北京中国国际服务贸易交易会、南京中国国际服务外包合作大会、杭州中国国际服务外包交易博览会等服务外包专业盛会，为服务外包企业提供市场开拓和交流的平台。二是着力开拓国际市场。2016年成功组织80多家（次）企业参加中东国际IT信息技术及视听通讯展、美国国际视听、信息通信与技术展览会、美国生物技术大会暨展览会共20多个服务专业展会，推动苏州外包企业走向国际市场，提升苏州电子信息、生物医药研发等服务外包优势产业的国际形象。

**（七）注重大院大所引进，为产业发展提供技术支撑**

苏州市高度重视与大院大所的战略合作。截至2016年，苏州市与238家国内外知名高校和院所建立了稳定的合作关系，建成1 870个产学研联合体。其中，与中科院合作共建的科技创新载体达21家，占中科院在全国布局总数的20%。苏州高新区引进了中科院医工所、浙大工研院、华东理工工研院、中科院地理所、苏州医用机器人研究院等近百家科研院所和研发机构，形成了以科研院所为核心，企业研发机构、第三方技术服务机构共同发展的格局。据统计，目前苏州已分别有国家级、省级、市级企业技术中心24家、423家和1 242家。全市大中型工业企业和规模以上高新技术企业研发机构建有率为93.09%，位全省前列。布局合理、功能完备的研发机构建设格局，为苏州市服务外包产业发展、产业优化升级、转变经济增长方式提供了有力支撑。

**（八）注重引导与支持，完善知识产权服务产业链**

苏州高新区建成国家知识产权服务业集聚发展示范区，目前全国仅有3家。截至2016年，示范区累计引进服务机构超过80家，品牌服务机构和品牌服务机构培育单位占比超过40%，示范区内知识产权专业人才总数超过2 400人，其中重点服务机构包括北京三友、北京万慧达、七星天、中商所等，大大增强了区域高端知识产权服务能力，进一步完善了示范区知识产权服务产业链。加强对知识产权服务业的引导与支持，对符合条件的新设立的专利代理机构、知识产权服务机构以及国家级品牌机构进行扶持与奖励。推动成立苏州市知识产权服务业商会，搭建苏州市知识产权服务超市。截至2016年，通过"互联网+"公共服务平台的建设，已有70多家机构成为服务超市的成员，机构店铺57家。培育引进专业的知识产权运营机构，智慧芽、七星天、派富、江海等知识产权运营机构正逐步开展国际知识产权服务业务。

（九）注重出口检疫创新，推动生物医药研发产业加快发展

2016年，苏州检验检疫局进一步完善苏州工业园区出入境特殊物品卫生检疫改革试点政策，制定新的出入境特殊物品卫生检疫监管操作规程，扩大了集中监管平台的运行范围。与百拓及药明康德公司合作，完成出入境生物制品病毒安全性检测平台建设。苏州检验检疫局在全国率先开展出入境特殊物品病毒检测、支原体检测和符合性检测方法的实施，提升了卫生检疫审批、查验和监管的有效性，特殊物品出入境驶上了快车道，目前该项政策已在全国推广实施。

（十）注重发展模式创新，共享服务中心成为外包独优业态

共享服务中心是苏州市服务外包产业与本地区产业基础相结合而形成的服务外包特色业态。跨国公司继制造业转移后展开了新一轮的服务转移，各种类型的服务外包内需旺盛。苏州临近跨国公司总部密集的上海，基于自身的区位、成本等优势，充分利用跨国公司集聚优势，吸引其共享服务中心落户，使之成为服务外包领域的独优业态。2016年，苏州市积极吸引跨国公司依托原有的制造业企业设立地区总部、研发中心、共享中心和交付中心等功能性机构。以苏州工业园区为例，2016年，园区制造业企业中有服务出口的企业超过500家，有一定规模的共享服务中心30多家，从业人员5 000多人，年服务收入超15亿元，缴纳税收超过3 000万元。苏州市通过发展共享服务，品牌企业辐射效应显著，扩大了服务经济总量，增加服务业人才储备，从而推进了全市经济结构转型升级。

# 苏州市外汇资金集中运营管理试点情况调研报告

为调研我市跨国公司服务贸易开展情况，探索我市跨国企业设立跨境财务结算中心的可行性，拓宽我市金融服务贸易创新发展领域，由市商务局王志明副局长带队，对我市部分跨国企业进行了外汇资金集中运营管理试点情况调研，主要调研企业包括亨通集团、芬欧汇川及保利协鑫。

## 一、总体情况

外汇资金集中运营管理是指以集团内部的财务公司为载体，通过境内外汇资金集中管理专户对境内外汇资金进行集中运营管理，通过境外外汇资金集中管理专户对境外外汇资金进行集中运营管理。该政策于2012年在北京和上海首批试点，2013年扩大至江苏、广东、湖北、浙江、深圳等地进行第二批试点，2014年试点范围扩大至天津、四川、福建、河南、青岛等省市，后转为普惠制推广，11月初人民银行出台了关于跨境人民币资金集中运营的政策详规。2015年8月国家外汇总局36号文件《关于印发跨国公司外汇资金集中运营管理规定的通知》升级了政策优惠幅度，扩大了适用企业范围，以进一步促进贸易投资便利化，服务实体经济。

2013年在外汇资金集中运营管理第二批试点时，我市保利协鑫、盖茨优霓塔两家公司率先获批跨国公司总部外汇资金集中运营管理试点资格。2014年，为促进跨国公司开展本外币资金集中运营扩面，市商务局举办跨国企业集团外汇、人民币资金集中运营管理政策宣讲会，联合人民银行、工商银行、汇丰银行的专家做政策解读。2015年，本外币资金池业务快速展开。2016年跨国公司总部外汇资金集中运营试点企业增加到17家，归集资金78亿美元，位居全省第一。

## 二、发展现状

外汇资金集中运营管理对于本土企业降低汇率风险及提升资本收益、开展跨国投资经营、吸引跨国公司设立跨境财务结算中心均具有十分重要的意义，此次调研的亨通集团、芬欧汇川以及保利协鑫等企业在外汇资金集中运营管理试点的过程中享受到了相应的政策优势。

## （一）政策优势

**1. 有助于企业提高海外资金收益水平**

企业通过国际资金主账户的设立和使用，实现了对境外资金的境内归集，为集团总部进行全球资金在岸统一管理提供了较离岸账户和 NRA 账户更为高效便捷的手段，在境内外汇资金价格显著高于境外的市场环境下，能够有效提高海外沉淀资金的收益水平。亨通集团在其境外主账户外债额度内归集一定外币资金，通过提前锁汇，规避了其在国际贸易结算中的汇率风险，有效地降低了贸易运行成本；并且境外主账户内集中的资金在人民币升值预期下可进行套汇操作，帮助企业获得一定收益。

**2. 有助于增强资金的流动性与安全性**

"先收付后审单"的收付汇操作模式，简化和便利了企业的收付汇操作流程，提高了企业外汇资金的周转使用效率。同时，企业通过办理集中收付汇，也提高了总部对境内成员企业的资金集中管理度和业务管控能力；海外成员的全球支付也可以通过国际主账户办理，加强了集团的监控力，提高了海外资金的安全性。调研中，亨通集团表示借助外汇资金集中运营管理试点，企业可以不遵循 T 或者 "T+1" 的结算时效规定，按照自身意愿进行结售汇，提高了集团总部对资金的掌控程度。

**3. 有助于节省资金汇划时间和交易成本**

对于部分试点企业通过货物贸易净额轧差结算方式，将以往境内外成员企业间频繁的跨境收付，简化为定期的一笔跨境净额收款或付款，减少了企业的跨境结算笔数，有效节省资金汇划时间、结售汇费用及人员操作成本。芬欧汇川公司在经营中主要采用进口新加坡纸浆、在常熟生产纸张、再出口至国外的来料加工形式，在获得外汇资金集中运营管理试点后，在进口所付外汇金额和出口所收外汇金额间使用净额轧差结算的方式，2016 年全年 4 亿多美元的外汇收支交易总金额实际结算 1 230 万美元，净额轧差比为 3.07%，节省了时间和交易成本。

**4. 有助于企业设立跨国财务中心**

具有外汇资金集中运营管理资格的企业可以通过集中外债额度和对外放款额度，实现在核定额度内国际资金主账户与国内资金主账户之间的资金自由调拨，以及外债额度和对外放款额度在成员企业间的调配使用。集团企业可以借助外汇资金集中运营管理，从整体利益出发，在境内外、各成员间统一调配资金，从而提高财务运营效益。具备这些前提条件，企业才有设立跨境财务结算中心的可行性。

**5. 有助于地方开展金融服务创新**

外汇资金集中运营管理是苏州市金融服务业扩大开放的一个重要领域，其发展对于苏州市金融服务创新、跨境业务深化、外汇管理便利化等方面均有重要意义。目前苏州市金融服务跨境业务创新的主要成果有：园区跨境人民币创新试点扩面至全市，截至

2016年9月末，跨境人民币贷款参与企业数达49家，跨境人民币贷款提款金额37.7亿元，股权投资基金人民币对外投资20笔，对外投资金额26亿元；台企集团内部人民币双向借款企业数达275家，双向借款金额达149亿元，昆山深化两岸产业合作试验区跨境人民币贷款业务试点获批并正式启动；张家港外债宏观审慎管理试点深入推进；在全省率先推进本外币一体化管理，利用新政已办理跨境融资25笔，折合人民币近20亿元。

### （二）存在的问题

#### 1. 政策环境不够稳定

在外汇资金集中运营管理的政策中，境内、境外主账户之间的资金可以根据企业意愿自由划拨，但在实际操作中，外管局仍然会实行窗口指导意见，对境内向外放款进行管制，导致跨国公司在境外投资经营、集团公司内部财务结算上受到一定影响。

#### 2. 政策调整或更新过快

外汇资金集中运营管理从2012年开始实行，但是自从2013年中国（上海）自由贸易试验区批准成立后，其政策力度不及自贸区内的负面清单、跨境人民币双向资金池、跨境外汇资金池等政策。调研中，部分企业表示已在自贸区内注册，并已申请或正在申请自贸区内的跨境外汇资金池政策，这就对苏州市跨国企业的总部经济发展产生了一定虹吸效应。并且由于国家宏观调控的需要，政策在实行过程中会出现中断，对企业经营造成一定影响。比如在此次调研中，芬欧汇川表示其生产依靠来料加工模式，但是2006—2007年来料加工政策被取消，企业生产经营遭到巨大损失。

#### 3. 外汇金融人才不足

金融服务创新离不开金融人才的支撑，但是目前高端金融、财务人才主要聚集在北上广深等一线城市，苏州市高端金融人才储备不足，距离地方开展金融服务创新、人民币或外汇跨境业务深化及企业设立跨境财务中心的需求尚有一定的差距。

## 三、意见或建议

#### 1. 争取政策创新，叠加政策提高招商吸引程度

结合《苏州市金融支持企业自主创新行动计划（2015—2020）》与《苏州市金融业服务贸易创新发展试点行动计划》有关内容，打造完善的综合金融服务平台，争取金融跨境业务创新，为我市跨境财务中心的设立出台有利政策；争取叠加自贸区内现有金融政策，争取人民币跨境业务各项试点，提高我市跨境财务中心的招商吸引力。

#### 2. 营造亲商氛围，提供稳健可预期的发展环境

完善企业服务体系，打造亲商惠商的营商氛围。针对信用记录良好、经营稳健的跨

国企业，探索以事中事后监管代替事前监管，用实际核查代替窗口指导，为企业跨境财务结算、资金自由调度、资金池额度增大等需求提供更稳健、透明、公开和可预期的发展环境。

### 3. 吸引高端人才，完善金融人才培育服务体系

制定针对发展跨境财务结算中心的人才政策，一方面从外面引进高端人才，为高端人才的落户及子女入学提供便利；另一方面加速培养本地相关人才，增强本土人才供应能力。

# 苏州市会展产业发展调研报告

近年来，展览业快速发展，在我国经济社会发展中的作用日益凸显，会展经济越发受到各方面的关注和重视。2015年国务院印发了《关于进一步促进展览业改革发展的若干意见》（国发〔2015〕15号），明确了我国展览业发展的目标和工作重点。为促进会展业的发展，苏州市政府在2011年出台了《鼓励会展业发展奖励实施意见》等系列政策文件，并成立了全市会展业发展工作领导小组，指导成立了市会展协会，有力推动了全市会展业发展。

为进一步了解苏州市会展业发展情况，为苏州市会展业发展提供决策参考，我们将苏州会展业放在全国、全省的背景下进行对比分析，从会展业对经济的促进作用、会展场馆规模、会展管理机构、会展政策、会展业发展现状等方面进行系统的调研，提出了发展建议。

## 一、会展业对城市经济发展的促进作用

会展业是城市经济发展的助推器，对城市经济发展影响巨大。

### 1. 会展业直接经济效益显著

会展业作为高赢利的行业，利润率在20%~25%。美国每年举办200多个大型商业展览，经济效益超过38亿美元。法国展会每年营业额约85亿法郎，展商交易额约1 500亿法郎，展商和参观者的消费约250亿法郎。我国香港地区2011年每1 000万游客中，有30%是参加展览和会议的，这些旅客于会展期间每消费1港元，可为其他行业带来5.3港元的收入。参加会展人士平均逗留香港5天，其在零售和娱乐方面的消费是普通游客的2倍和13倍。

### 2. 会展业带动相关产业繁荣发展

广义的会展概念一般包括会议、展览、节事等活动，会展业既是生产性服务业，又是生活性服务业。会展经济的产业关联度大，产业链长，涉及服务、交通、旅游、广告、装饰、边检、海关以及餐饮、住宿、通信等诸多领域，不仅可培育新兴产业群，而且可间接带动相关产业的发展。据估算，其对相关产业的拉动系数是1∶15~1∶4（平均约为1∶9）。上海会展业的直接投入产出比为1∶6，间接达到1∶9，对GDP的拉动作用十分明显。会展业拉动作用表现最直接、最明显的就是对消费的拉动。每年两届的

广交会，吸引170多个国家和地区的9万多客商云集广州，使广州的交通、购物、住宿、旅游、餐饮等第三产业消费链呈现集体快速上涨趋势，拉动系数达1∶13.2，带给广州的直接消费近120亿元，间接经济效益220亿元。同时，会展业促进就业的效果也很明显。据英联邦展览业联合会计算，每增加1 000平方米的展览面积，可创造近百个就业机会。在香港地区，会展业每年大约能提供9万个就业机会。

### 3. 会展业促进经贸投资发展

大型展会不仅是商品展示交易的平台，也是促进经贸合作与交流、开展"引进来与走出去"活动的最佳平台。我国每年有很多企业通过国际展会走向世界，省商务厅每年都发布鼓励企业参加的国际国内展会目录，引导企业拓展国内外市场。会展业带来的巨大信息流、人流、物流等不仅为第三产业的发展创造了商机，也为招商引资带来了机遇，为产业的转型升级提供导向。

### 4. 会展业打造城市名片效应

国际上有许多因会展而著名的城市，已形成著名展会与城市知名度共同提升的互动效应。据世界权威国际会议组织ICCA统计，2016年全世界举办的参会国在4个以上、参会外宾超过50人并由3个以上国家轮流举办的国际协会会议有12 227个，这些会议都是在全球著名城市举办。法国巴黎有"会议之都"的美誉，每年举办300多个国际会议，为此巴黎在1994年就成立了会展局，专门为会议市场供求双方提供咨询和帮助。德国的汉诺威与科隆被称为"会展之都"，以展会之多之大著称于世。2016年，中国一共举办了410场国际会议，位居亚太地区第一，全球第七。从国内来看，北京、上海、成都举办的国际会议数量位列前三，苏州位列第十。

## 二、会展设施情况

### （一）全国会展设施情况

根据国际博览会联盟（UFI）对展览馆的统计标准，将展馆室内可租用面积大于等于5 000平方米，且每年举办2个以上经贸类展会的展览馆定义为专业展览馆。2015年我国共有专业展览馆136个，比上年新增8个展览馆。

#### 1. 展览馆地区分布情况

广东和浙江各有14个展览馆，是全国展览馆资源最丰富的省份。山东省有13个展览馆，列第三位；江苏省共有11个展览馆，列第四位；上海市有10个展览馆，列第五位。

#### 2. 展览馆规模分布情况

国际博览会联盟（UFI）按照室内可租用面积在5 000～19 999平方米、20 000～49 999平方米、50 000～99 999平方米和100 000平方米以上进行展览馆规模分类。全国共有37个展览馆室内可租用面积在5 000～19 999平方米之间，约占全国展览馆总数量的27%；有60个展览馆可租用面积在20 000~49 999平方米之间，约占全国展览馆总数量的44%；有26个展览馆室内可租用面积在50 000~99 999平方米之间，约占全国展览馆总数量的19%；有13个展览馆室内可租用面积在100 000平方米以上，约占全国展览馆总数量的10%。由此可见，20 000~49 999平方米是当前中国展览馆市场最为常见的展览馆规模类型。

3. 展览馆市场经营情况

我国展览馆整体利用率还较低，专业展览中心虽然数量众多，但是实际使用于经济贸易类展览的却不多。按照租馆率分析，针对商贸类展览会进行汇总统计，不包括各类人才招聘会、展销会、书画展和庆典活动等其他类型展览，全国有6个展览馆租馆率在50%以上，约占展览馆总数量的4%；有15个展览馆租馆率在30%~50%之间，约占展览馆总数量的11%；有54个展览馆租馆率在10%~30%之间，约占展览馆总数量的40%；有60个展览馆租馆率在10%以下，约占展览馆总数量的44%。按照馆租价格分析，2015年全国展览馆市场日平均价格为9.96元每平方米，比2014年下降0.03元。上海市展览馆平均日租价格最高，达到16.73元，位居全国首位；云南省以16元位居全国第二位；辽宁省以13.19元位居全国第三位。

（二）全省会展设施情况

截止到2016年年底，江苏省13个地市用于开展会展活动的场馆有29个，展出面积达132.8万平方米，其中室外面积达55.7万平方米，附属会议室面积超过8.9万平方米。会展的基础设施日渐完善，展会平台的作用日益显现，这些场馆的功能正在不断地完善和扩大。

（三）苏州市会展设施情况

苏州市目前已有苏州国际博览中心、昆山国际会展中心、昆山市科技文化博览中心、昆山花桥会展中心、苏州广电国际会展中心、常熟国际展览中心、吴江盛泽国际会展中心等较大规模专业展馆，已建室内展馆面积280 000平方米，可提供约11 000个国际标准展位。

表1 苏州市主要会展中心设施情况

| 名称 | 展览面积/平方米 | | 会议室面积/平方米 |
| --- | --- | --- | --- |
| | 室内 | 室外 | |
| 苏州国际博览中心 | 100 000 | 20 000 | 50 000 |
| 苏州国际影视娱乐城（苏州广电国际会展中心） | 15 000 | 30 000 | 0 |
| 常熟国际展览中心 | 21 000 | 7 000 | 0 |

续表

| 名称 | 展览面积/平方米 | | 会议室面积/平方米 |
| --- | --- | --- | --- |
| | 室内 | 室外 | |
| 昆山国际会展中心 | 50 000 | 48 000 | 2 876 |
| 昆山花桥会展中心 | 70 000 | 10 000 | 5 000 |
| 昆山市科技文化博览中心 | 12 000 | — | — |
| 吴江盛泽博览中心 | 10 000 | — | — |

2016年苏州市各主要场馆平均租馆率为11.3%，其中租馆率最高的场馆为苏州国际影视娱乐城（苏州广电国际会展中心），租馆率达18.8%；其次为苏州国际博览中心，租馆率为12.5%。苏州市各会展场馆租馆率普遍不高，没有一家场馆租馆率达到20%，说明会展场馆经营能力有待进一步提升。

表2　2016年苏州市主要会展中心租馆率情况

| 名称 | 展览会总面积/万平方米 | 可租用面积/万平方米 | 租馆率 |
| --- | --- | --- | --- |
| 苏州国际博览中心 | 91.11 | 10.00 | 12.5% |
| 苏州国际影视娱乐城（苏州广电国际会展中心） | 20.62 | 1.50 | 18.8% |
| 常熟国际展览中心 | 15.10 | 2.10 | 9.8% |
| 昆山国际会展中心 | 40.70 | 5.00 | 11.2% |
| 昆山花桥会展中心 | 25.36 | 7.00 | 5.0% |
| 昆山市科技文化博览中心 | 10.20 | 1.20 | 11.6% |
| 吴江盛泽国际会展中心 | 3.20 | 1.00 | 4.4% |
| 平均租馆率 | — | — | 11.3% |

## 三、会展市场情况

### （一）展会数量情况

**1. 从全国情况分析**

2015年，举办展会最多的城市为上海，共举办382个展会，约占全国展会总数量的15%；北京共举办280个展会，约占全国展会总数量的11%，位居全国第二位；广州共举办197个展会，约占全国总数量的8%，位居全国第三位；深圳和郑州分别以100和98的数量，排在第四、第五位。全国有31个城市实现展会数量增长，可见全国会展市场呈现扩大趋势，发展会展经济的城市逐渐增多（全国展会数据统计口径与全省、全市不同,全国数据仅指经贸类展会,省、市数据包含所有展会类别)。

### 2. 从全省情况分析

2015年,江苏省共举办各类展会活动690个,比2014年增加2.4%。其中,南京市有225个,占33%,比2014年增加了18个;苏州市有184个,占27%,比2014年增加了41个;无锡市有79个,占11.6%,比2014年减少了9个。

表3 2015年江苏省各市办展数量情况

| 排序 | 城市 | 展会数量/个 |
| --- | --- | --- |
| 1 | 南京 | 225 |
| 2 | 苏州 | 184 |
| 3 | 无锡 | 79 |
| 4 | 常州 | 29 |
| 5 | 扬州 | 28 |
| 6 | 南通 | 32 |
| 7 | 盐城 | 42 |
| 8 | 徐州 | 36 |
| 9 | 连云港 | 5 |
| 10 | 泰州 | 19 |
| 11 | 镇江 | 11 |
| | 总计 | 690 |

### 3. 从全市情况分析

2016年,苏州市共举办各类展会活动210个,比2015年增长25%,其中苏州市区105个(含吴江区)、昆山63个(含昆山花桥会展中心和昆山市科技文化博览中心)、常熟42个。

表4 2016年苏州市主要区域办展数量统计

| 序号 | 城市 | 展会数量/个 | 占比 | 与2015年相比 |
| --- | --- | --- | --- | --- |
| 1 | 苏州市区 | 105 | 50% | 26.51% |
| 2 | 昆山市 | 63 | 30% | 28.57% |
| 3 | 常熟市 | 42 | 20% | -17.65% |
| | 合计 | 210 | 100% | 14.75% |

2016年苏州市各会展设施中苏州国际博览中心、苏州广电国际会展中心、常熟国际展览中心承办展会较多,共承担124个展会,占全市展会总数量的59%。

表5　苏州市会展场馆展会数量统计

| 序号 | 会展场馆（地） | 展会数量/个 | 比重 | 与2015年相比 |
|---|---|---|---|---|
| 1 | 苏州国际博览中心 | 42 | 20.00% | 2.44% |
| 2 | 苏州市会议中心 | 6 | 2.86% | −25.00% |
| 3 | 苏州广电国际会展中心 | 40 | 19.05% | 53.85% |
| 4 | 苏州太湖国际会议中心 | 1 | 0.48% | −75.00% |
| 5 | 苏州市体育中心体育馆 | 10 | 4.76% | — |
| 6 | 苏州太湖一号房车露营公园（西部生态城） | 1 | 0.48% | 0.00% |
| 7 | 吴江盛泽国际会展中心 | 5 | 2.37% | — |
| 8 | 常熟国际展览中心 | 42 | 20.00% | −8.70% |
| 9 | 昆山国际会展中心 | 21 | 10.00% | 23.53% |
| 10 | 昆山市科技文化博览中心 | 26 | 12.38% | 13.04% |
| 11 | 昆山花桥会展中心 | 16 | 7.62% | 77.78% |
|  | 总计 | 210 | 100% | 14.75% |

## （二）展会总面积情况

### 1. 从全国情况分析

2015年我国共有9个城市举办的展会总面积超过200万平方米，比2014年新增4个城市，其中广州展览会总面积超过1 000万平方米，武汉、郑州、济南、天津4个城市展览会总面积首次超过200万平方米。举办展会总面积在100万平方米的城市共有16个，其中13个城市实现展会总面积增长，合计增加展会总面积610万平方米。数据表明，全国展会总面积有所增长，展览重点城市增长明显（全国展会数据统计口径与全省、全市不同，全国数据仅指经贸类展会，省、市数据包含所有展会类别）。

表6　2015年举办100万平方米以上展览会的城市

| 序号 | 城市 | 展览会面积/万平方米 |
|---|---|---|
| 1 | 上海 | 1 398 |
| 2 | 广州 | 1 041 |
| 3 | 北京 | 752 |
| 4 | 深圳 | 352 |
| 5 | 成都 | 254 |

续表

| 序号 | 城市 | 展览会面积/万平方米 |
| --- | --- | --- |
| 6 | 武汉 | 248 |
| 7 | 郑州 | 231 |
| 8 | 济南 | 217 |
| 9 | 天津 | 210 |
| 10 | 青岛 | 168 |
| 11 | 南京 | 156 |
| 12 | 重庆 | 151 |
| 13 | 沈阳 | 132 |
| 14 | 西安 | 123 |
| 15 | 东莞 | 102 |
| 16 | 哈尔滨 | 102 |

### 2. 从全省情况分析

2015年江苏省展会总面积为691.27万平方米，比去年增加1.34%。平均每个展会面积在1.1万平方米左右，相比2014年的平均每个展会面积0.98万平方米有所增长。

表7　2015年江苏省主要会展城市展会面积情况

| 序号 | 城市 | 使用面积/万平方米 | 比上年增减 |
| --- | --- | --- | --- |
| 1 | 南京 | 224.930 | 22.99% |
| 2 | 苏州 | 188.044 | 7.92% |
| 3 | 无锡 | 92.760 | -2.36% |
| 4 | 常州 | 33.400 | 44.59% |
| 5 | 扬州 | 21.530 | -17.92% |
| 6 | 南通 | 26.500 | -27.58% |
| 7 | 盐城 | 26.110 | 66.73% |
| 8 | 徐州 | 33.500 | -44.07% |
| 9 | 连云港 | 14.700 | -6.96% |
| 10 | 泰州 | 20.950 | -22.72% |
| 11 | 镇江 | 8.850 | -37.89% |
| | 全省合计 | 691.274 | 1.69% |

### 3. 全市情况分析

2016年苏州市展会总面积为230.3万平方米，比2015年的185.73万平方米增长23.99%，其中，苏州市区展会面积为135.4万平方米，昆山市展会面积为71.6万平方米，常熟市展会面积为20万平方米。平均每个展会面积为1.1万平方米。

## （三）会展分类情况

### 1. 从全国情况分析

据统计，2015年全国共举办3 168个展会，全国展会总面积约为8 900万平方米。其中，经贸类展会2 612个，占全部展会的比例约为82%；人才招聘会共计300个，占全部展会的比例约为10%；此外还有52个其他类型的展会，包括各种画展、庆典、活动等，占全部展会的比例约为2%。

### 2. 从全省情况分析

消费类展会是2015年全省举办得最多的展会，共有332个，占全省展会总数量的48.1%；文化类展会共举办116个，占全省展会总数量的16.8%；专业展会共举办51个，占全省展会总数量的7.4%。从数据上看消费类展会仍占主要比例，各种类型的博览会也一直是我省展会的主力军。

表8　2015年江苏省展会分类情况

| 序号 | 类别 | 展会数量/个 |
| --- | --- | --- |
| 1 | 专业展会 | 51 |
| 2 | 消费类展会 | 332 |
| 3 | 文化类展会 | 116 |

### 3. 从全市情况分析

2016年全市举办得最多的展会为消费类展会，共举办99个，占比为47.1%，较2015年增长20.7%。增幅最大的展会类别为专业展会，2016年共举办专业展会29个，同比增长52.6%。消费类展会和专业展会共占全部展会的60%，这说明，苏州更适合举办技术水平高、促进产业升级的行业专业展会和贴近城市居民消费需求、拉动内需并具有地方文化特色的消费类展会。

表9　2016年苏州市展会分类数量统计

| 序号 | 展会类别 | 展会数量/个 | 比重 | 与2015年相比 |
| --- | --- | --- | --- | --- |
| 1 | 博览会 | 16 | 7.62% | -42.86% |
| 2 | 专业展 | 29 | 13.81% | 52.63% |

续表

| 序号 | 展会类别 | 展会数量/个 | 比重 | 与2015年相比 |
|---|---|---|---|---|
| 3 | 消费展 | 99 | 47.14% | 20.73% |
| 4 | 订货会 | 6 | 2.86% | — |
| 5 | 人才招聘会 | 3 | 1.43% | 0.00% |
| 6 | 大型活动 | 48 | 22.86% | 77.78% |
| 7 | 交易会 | 1 | 0.48% | -75.00% |
| 8 | 年会 | 8 | 3.80% | — |
|  | 总计 | 210 | 100.00% | 14.75% |

### (四) 会展行业情况

#### 1. 从全国情况分析

从行业角度展会可以分为重工业、轻工业、农业、服务业和专项展览等五大类。2015年全国共举办轻工业展会1 173个，约占全国展会总数量的45%，轻工业展会总面积约为3 403万平方米，约占全国展会总面积的45%，从数量和展会总面积上看轻工业展会都是占比最大的展览会行业分类。2015年全国共举办重工业展会596个，约占全国展会总数量的23%，重工业展览会总面积约为2 190万平方米，约占全国展会总面积的29%。在其16个细分行业中，汽车产业、电子与自动化、工业设备维修为展会数量最多的重工业展会，分别为176个、86个和54个。2015年全国共举办服务业展会672个，约占全国展会总数量的24%，服务业展会总面积约为1 302万平方米，约占全国展览会总面积的17%。在其15个细分行业中，较2014年增加较多的展会分布于休闲时尚艺术、医药医疗保健和环境保护等细分行业，分别增加24、16和7个展会。

#### 2. 从全省情况分析

汽车展、建材展及家装家居灯具展数量分别为72、62和58个，是消费类展会中排名前三位的细分展会类别。文化类展会中大型活动、人才招聘会举办数量分别为50和21个，分别位列第一、第二位。专业展中举办得最多的为机械展，共举办23个，其次为电子展，共举办11个，医药博览会共举办4个，排名第三。

#### 3. 从全市情况分析

2016年我市专业展细分行业中，举办得较多的为机械展、电子展和汽车展，分别举办6、5与4个。按展会区域情况分析，2016年举办的展会绝大多数为本地展，共举办161个，占全市展会总数量的76.7%，本地展也是发展最快的展会区域类别，2016年比2015年增加45个展会，增长38.79%。全国性展会共举办30个，占比14.3%，同比增幅达11.1%。国际性展会数量为9个，占比4.3%，与2015年举办数量持平。

表10 苏州市展会区域分类数量统计

| 序号 | 展会性质 | 数量/个 | 比重 | 与2015年相比 |
| --- | --- | --- | --- | --- |
| 1 | 本地 | 161 | 76.67% | 38.79% |
| 2 | 区域性 | 10 | 4.76% | -67.74% |
| 3 | 全国性 | 30 | 14.29% | 11.11% |
| 4 | 国际性 | 9 | 4.28% | 0.00% |
|  | 总计 | 210 | 100.00% | 14.75% |

**（五）会展价格情况**

2015年全国展览会标准展位平均价格为8 680元，比2014年增加36元，增长约0.4%，增幅较2014年有所放缓。

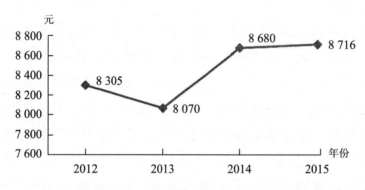

**图1　2012—2015年展览会标准展位平均价格变化**

对比2014年的数据，全国31个省区市中有22个省区市展览会标准展位平均价格增加，有14个省区市价格增幅在7%以上，其中6个为主要展览省区市。数据显示，虽然2015年全国范围内标准展位平均价格的变化不大，但是在主要展览省区市的标准展位平均价格上升明显，且各地价格变化差异较大。

## 四、组展单位市场概况

**1. 从全国情况分析**

2015年全国共有2 047家组展单位，比2014年增加193家，增幅约为10%。其中来自中国内地的组展单位共计2 008家，约占全国组展单位总数量的98%。在中国内地的组展单位中，位于北京的组展单位有433个，占比为21%；位于上海的组展单位有221个，占比为11%；位于广东的组展单位有181个，占比为9%。可见，组展单位集中分布于北上广等大型城市。按所属性质分，组展单位主要有党政机关、行业协会、外资企业和国内企业四大类。2015年全国组展单位主体中共有国内企业型组展单位1 326个，约占全国组展单位总数量的65%，是最主要的组展单位类型；共有行业协会型组展单位439个，约占全国组展单位总数量的21%；共有党政机关型组展单位142个，比2014年减少47个，约占全国组展单位总数量的7%；共有78个外资企业型组展单位，比2014年减少1个，约占全国组展单位总数量的4%。从数量上看，国内企业型组展单位和行业协会型组展单位总量增长较多，而党政机关型组展单位下降较多，这表明各级地方政府和有关部门正逐步退出展览市场，更多地通过市场手段促进展览业发展。从举办展览会的数量上看，2015年全国组展单位有1 615个只举办了1个展览会，约占全国组展单位总数量的73%；有337个组展单位举办了2个展览会，约占全国组展单位总数量的15%；举办3个及3个以上展会的组展单位有260个，占比为12%。总体来看，2015年全国组展单位仍呈现办展规模小、办展能力单一、受地域限制较大的特点。

### 2. 从全省情况分析

近年来，随着我省经济稳步增长，产业环境、基础设施不断完善，我省会议展览行业也迎来了快速发展时期，市场化和专业化水平逐步提升。全省目前共有展览相关企业497家，其中展览场所42家，组展公司169家，展览工程公司273家，展览机构7家，设有展览专业的院校有8家。2016年以来各类办展主体迅速发展，逐步形成了政府或相关部门、国有会展企业、民营会展企业、中外合资会展企业等多方主体办展的格局。

### 3. 从全市情况分析

近年来，随着我市经济快速增长并成为产业化生产制造中心，产业环境、基础设施不断完善，我市会展行业也迎来快速发展时期，市场化和专业化水平逐步提升。2016年以来各类办展主体迅速发展，逐步形成了政府或相关部门、国有会展企业、民营会展企业、中外合资会展企业等多方主体办展的格局。2015年苏州市主协办会展企业有16家，2016年新增企业9家，共计25家，占全市114家会展企业的22%。平均每家公司举办博览会、专业展2.8场。

## 五、苏州市主要展会介绍

### 1. 政府主办展会情况

2016年经市委、市政府同意保留举办的节庆、展会、论坛等活动项目15个，其中主要展览活动包括中国（昆山）品牌产品进口交易会、苏州电子信息博览会、中国·苏州文化创意设计产业交易博览会、苏州农交会、常熟服博会，是我市最主要的政府主办展会项目。

中国（昆山）品牌产品进口交易会简称CIE，是由商务部、中国国际贸易促进委员会及江苏省人民政府主办的中国第一个专业且最大的国际进口交易平台，旨在将进口展打造成适应市场需求的国际专业品牌展会,目前已举办5届。

苏州电子信息博览会是由商务部、工业和信息化部、国台办和江苏省人民政府主办的国内规模最大、层次最高的IT专业展会之一,创办于2002年,目前已成功举办15届。

中国·苏州文化创意设计产业交易博览会是由文化部、江苏省文化厅和苏州市人民政府共同主办的全国性文化创意设计产业博览会,目前已举办5届。

**2. 市场化展会情况**

2016年经政府同意举办的政府主办类节事展览活动只有15个,约占总数的8%。苏州市的会展市场已属于竞争较充分的市场,一些政府及相关部门主办的展会也在逐步实行市场化运作。一些企业凭借市场化经营机制、特色化发展战略、本土化经营等优势通过自主发展不断壮大并脱颖而出,成为民营优势会展企业的代表,在行业内具备一定的竞争实力。如苏州新源集团下属的节庆会展策划有限公司,每年主(承)办展览项目6个、大型活动3个、5 000人以上会议2个,在行业内具备了一定的竞争实力,成为全省会展行业中民营企业的优秀代表。

## 六、苏州市会展管理机构与会展业促进政策

### (一) 会展管理机构情况

目前苏州市会展管理机构主要包括市节庆、研讨会、论坛等活动审批领导小组,会展业发展工作领导小组及苏州市会议展览业协会。

市节庆、研讨会、论坛等活动审批领导小组负责对全市节庆、研讨会、论坛、展会等活动和承接中央、省级会议的管理、指导和监督,对各市、区和市级机关、人民团体、各大专院校以及直属单位申报的活动及拟承接的会议进行审核。

苏州市会展业发展工作领导小组主要负责制定全市会展业发展规划和政策,研究解决会展工作中的重大问题,审核协调市政府主(承)办的重大会议展览活动,办公室设在市商务局。

苏州市会议展览业协会是根据《市政府印发关于加快苏州会展业发展的若干意见的通知》(苏府〔2011〕79号),由市贸促会等组织牵头,由会展相关企业自愿组建。当前,已按要求实行与政府部门脱钩,成为独立的社会法人。

### (二) 会展业促进政策

**1.《苏州市"十三五"服务业发展规划》**

该规划中将包含会展业在内的商务服务作为发展重点之一,具体内容为:一是要积极推动国内外知名会展、大型会议、高端论坛等落户我市;二是要大力培育专业展会,

打造在国内外具有影响力的品牌展会;三是要健全场馆建设,完善苏州国际博览中心、昆山花桥国际博览中心等大型会展设施配套建设,构筑完善的会展产业链。

**2.《关于促进会议展览业加快发展的政策意见》**

该意见对符合相关条件的经贸类自办展、引进展、展会品牌化及商务会议的举办等提供了具体的鼓励措施。

## 七、苏州与周边城市会展业发展情况对比

### (一) 会展市场情况对比

**1. 会展设施情况对比**

苏州市会展设施建设工作在周边区域内处于较领先的水平。根据与南京、杭州、无锡的对比情况来看,苏州市以室内展览总面积28万平方米,提供标准展位11 000个的会展设施规模领先于省内城市南京市与无锡市,稍逊色于浙江省杭州市,远不及上海。

**表11 苏州、南京、无锡、杭州会展设施对比**

| 地区 | 南京 | 杭州 | 无锡 | 苏州 |
| --- | --- | --- | --- | --- |
| 主要会展设施 | 南京国际展览中心、南京国际博览中心、江苏国际农业展览中心 | 杭州国际博览中心、杭州国际会议展览中心、杭州和平国际会展中心、杭州海外海宾馆国际会议展览中心、浙江世贸国际展览中心、新农都会展中心及白马湖国际会展中心 | 无锡太湖国际博览中心、无锡体育中心 | 苏州国际博览中心、苏州市会议中心、苏州国际影视娱乐城(苏州广电国际会展中心)、苏州市体育中心体育馆、昆山国际会展中心、昆山花桥国际展览中心、常熟国际展览中心、吴江盛泽国际会展中心 |
| 室内展览面积/万平方米 | 16.3 | 32.0 | 8.6 | 28.0 |
| 标准展位数量/个 | 8 368 | 15 700 | 2 722 | 11 000 |

但从租馆率角度分析,苏州市各场馆的平均租馆率为11.3%,不及南京市的19.5%和无锡市的14.4%,说明苏州市整体会展场馆的使用频率没有南京市、无锡市会展场馆的使用频率高。

表12  2016年苏州、南京、无锡会展场馆租馆率对比

| 城市 | 展览会总面积/万平方米 | 可租用面积/万平方米 | 租馆率 |
| --- | --- | --- | --- |
| 苏州 | 230.30 | 28.0 | 11.3% |
| 南京 | 231.45 | 16.3 | 19.5% |
| 无锡 | 90.38 | 8.6 | 14.4% |

**2. 展会规模情况对比**

南京市2016年共举办256个展会，较上年增长13.7%，总展出面积达231.45万平方米，较上年增长2.9%。2016年南京市举办了世界智能制造大会，取得了极大成功。至2016年年底，南京自主品牌展——亚洲自行车展通过了国际展览业协会（UFI）的认证。至此，南京已经自主培育出两个UFI认证展会，另一个是亚洲户外展。

杭州市2016年展览与会议数量保持平稳。受保障G20峰会的影响，10个专业展览场馆办展数量达到204个，比上年减少了93个，同比减少31%；展览面积为197万平方米，比上年减少68.4万平方米，同比减少26%。其中国际展览数量为53个。杭州市会展资源丰富，有众多政府主办展，如中国（杭州）国际服装服饰博览会、中国杭州西湖国际博览会、中国（杭州）国际新能源汽车产业展览会等，特别是2016年G20峰会的成功举办，给杭州市会展行业带来了全新的机遇。作为G20峰会主会场的杭州国际博览中心在2017—2019年的展览会议已供不应求，政府主办展、大型国际性展览会议对当地会展业的宣传带动作用十分明显，具有极大的促进作用。

无锡市2016年举办各类会展活动84个，展览总面积约90.38万平方米。无锡市根据自身优势举办展会，发挥产业基础雄厚的优势，着力培育了新能源、物联网、国际设计、装备制造、电动车等品牌专业展会。无锡举办了中国（无锡）国际新能源大会暨展览会、无锡世界物联网博览会等重要展会项目。

2016年苏州市举办会展210个，展览总面积230万平方米。从数量和展览总面积来看，苏州市展会市场规模在省内仅次于南京市，远高于无锡市，与省外的杭州市基本持平。苏州市拥有中国（昆山）品牌产品进口交易会、苏州电子信息博览会、中国·苏州文化创意设计产业交易博览会、苏州农交会、常熟服博会等重要展会项目，在政府主办展会项目上不及杭州市，在自主品牌展发展上落后于南京市。

**3. 展览业主办及服务公司情况对比**

南京市已集聚一批功能完善、发展成熟、覆盖面广的会展企业，形成了包括政府、国有企业、民营企业和中外合资企业等多方主体的会展企业格局。其中，江苏贸促国际会展有限公司是中国国际贸易促进委员会江苏省分会、江苏省国际商会的直属企业，其已在电子信息技术、农业机械、可再生能源、食品及加工等多个行业成功举办了数十个

专业的展会，如中国（江苏）农业机械展览会、中国国际服务外包合作大会、中国（泰州）国际医药博览会等。南京市其他知名会展公司还包括江苏汇鸿国际集团会展股份有限公司、江苏新国际会展集团有限公司、江苏国际展览有限公司等17家企业。

无锡市最主要的会展公司为江苏三角洲国际会展有限公司，其先后获得"江苏省品牌展会""江苏省优秀展会""无锡市重合同守信用企业"等荣誉；每年都主办或承办无锡太湖国际工业装备博览会、无锡太湖国际装备制造业博览会、全国微型汽车配件展览会等知名展会，其中无锡太湖机床展已经举办25届，累计展商10 000余家，吸引近150万专业观众，累计成交额近34亿元。

杭州市知名会展公司有杭州华展展览有限公司、杭州嘉诺展览公司、浙江中浙国际展览商务有限公司、杭州思诺博会展服务有限公司、杭州中仕展览服务有限公司等5家企业，具备主（承）办国际、国内大型展会的能力。

苏州市知名会展公司有4家，分别是苏州潇之瑜装饰工程有限公司、苏州市节庆会展策划有限公司、苏州博纳展览装饰工程有限公司、苏州典唐建设工程有限公司。从数量上看，苏州市组展公司明显多于无锡市，与杭州市数量相当，但与南京市的17家企业尚有一定差距。从组展能力上看，苏州市节庆会展策划有限公司每年主（承）办展览项目6个，但不及南京市的江苏贸促国际会展有限公司。

**4. 会展价格对比**

苏州市2015年展会标准展位平均价格为6 731元，较2014年下降12%。苏州市展会平均价格低于全国平均水平的8 680元，也低于周边主要城市的平均水平，如上海市标准展位平均价格为13 786元，杭州市为8 266元，南京市为7 704元。

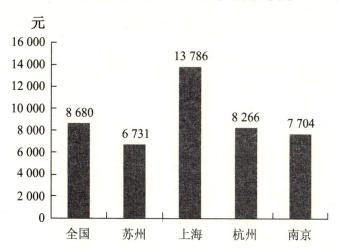

图2　2015年苏州、南京、无锡、杭州四市会展价格比较

**（二）会展业促进政策对比**

南京市在2015年正式出台了《关于加快推进会展经济发展的意见》《南京市会展业

管理办法》《重点展会绿色通道启用管理办法》《南京市会展业统计报表制度》四个规范性文件，明确了会展业发展目标和思路、重点发展任务和政策保障措施，涵盖了南京市会展业发展的空间布局、发展模式、品牌培育、会展服务、会展统计等方方面面。2016年出台了《南京市会展发展专项资金管理办法》，对促进会展业发展的资金进行了保障。

无锡市出台了《无锡市党政机关境内举办展会活动管理实施细则》并修订完善《无锡市服务业（会展）资金管理办法》，进一步加大对会展产业的扶持力度。

杭州市在其市政府网站发布了《杭州市会展业促进条例（草案）》（征求意见稿），对未来杭州的会展业发展提出了一系列促进措施。征求意见稿提出，杭州会展业发展要与城市定位、城市品牌和产业特色相融合，实现差异化和特色化发展。在引进会展、完善会展产业链、场馆建设、促进会展业发展、培育和引进会展业人才上提出了很多扶持和奖励措施。杭州萧山区将会展业作为主要发展产业之一，出台了《杭州市萧山区会展业发展专项资金管理办法》，促进区内会展业发展。

苏州市现有会展政策主要为《关于促进会议展览业加快发展的政策意见》，与其他三个地区对比，苏州市的会展促进政策在推广保障费用、优秀展一次性奖励、鼓励会展国际化、网络化以及鼓励会展企业落户上尚有不足。

表13 苏州、南京、无锡、杭州会展政策对比

| 城市 | 苏州 | 南京 | 无锡 | 杭州 |
| --- | --- | --- | --- | --- |
| 招揽奖励 | 强 | 较弱 | 无 | 较强 |
| 展览奖励 | 较弱 | 强 | 较强 | 弱 |
| 商务会议奖励 | 强 | 较强 | 较弱 | 较强 |
| 推广保障费用 | 弱 | 较弱 | 强 | 较弱 |
| 鼓励品牌发展奖励 | 较强 | 较弱 | 较强 | 强 |
| 优秀展一次性奖励 | 无 | 强 | 较弱 | 无 |
| 鼓励国际化、网络化 | 无 | 无 | 无 | 无 |
| 鼓励会展企业落户 | 无 | 无 | 无 | 强 |
| 一事一议 | 有 | 有 | 有 | 有 |

（按照政策扶持力度的强弱，给予有、无及强、较强、较弱、弱的评价）

## 八、苏州市会展业发展现状分析

### （一）主要优势

**1. 产业基础较好**

2016年全市实现地区生产总值1.54万亿元，其中服务业增加值7 916亿元，比上年增长10.0%，占地区生产总值的比重达51.4%；全市工业总产值35 767亿元，规模以上工业总产值30 679亿元。全市制造业新兴产业产值15 265亿元，占规模以上工业总产值的比重达49.8%，比上年提高1.1个百分点。工业机器人、光伏、轨道交通、新能源汽车、生物技术和新医药五大新产业实现产值1 915亿元，比上年增长5.2%。2016年年末全市市场主体总量达到112.8万户，总注册资本4.4万亿元，苏州成为省内首个市场主体总量超过100万户的城市。

**2. 会展场馆较多，展览面积较大**

苏州全市现有专业会展场馆7个，能提供的展览面积达28万平方米，其中室内展览面积最大的是苏州国际博览中心和昆山花桥国际博览中心，分别达到10万平方米和8万平方米，在室内展览面积上，超过南京、杭州、无锡、厦门等城市。

**3. 形成了一定的展览规模**

2016年度苏州市共举办各类展会活动210个，比2015年增长25%，展会总面积达230.3万平方米，同比增长23.99%。苏州市在展会活动数量及面积方面与厦门相当，在省内比南京低。

表14　2016年苏州与南京、无锡展览规模对比

| 城市 | 苏州 | 南京 | 无锡 |
| --- | --- | --- | --- |
| 展会数量/个 | 210 | 256 | 84 |
| 展会面积/万平方米 | 230.30 | 231.45 | 90.38 |

**4. 具备一定的竞争能力和较强的发展潜力**

在中国会展经济研究会主办的2016中国城市会展业竞争力指数年度发布会暨高端论坛上，发布了《2015年度中国城市会展业竞争力指数报告》。该报告披露，除直辖市及副省级城市之外，在74个省会城市（地级）与地级市的会展业竞争力指数排行榜中，苏州、合肥、东莞、无锡、郑州等10个城市入围中国最具竞争力会展城市，苏州市在会展业竞争力指数排名中荣获第一，特别是在综合经济竞争力指数、可持续竞争力指数、宜商竞争力指数、展览业价格指数等方面处于领先地位，这充分体现了苏州市的经济发展水平及会展业发展水平和潜力。但在展览业发展综合指数、国际会议指数，特别是展览业国际合作指数上都不及同等地位的其他重点会展城市。

## (二）主要不足

### 1. 会展管理促进力量不足

市节庆、研讨会、论坛等活动审批领导小组，苏州市会展业发展工作领导小组这两个机构都是临时议事机构，没有专职工作人员。两个领导小组设在市商务局的办公室也没有明确具体工作人员，有关日常工作只是按商务部门内部的工作职能分工，由服务贸易和商贸服务业处承担，在完成其他业务工作的同时，人员力量不足以承担会展业在工作思路、目标任务、总体规划、会展经济研究以及会展市场管理和促进等方面的职能。

会展协会在组建之初发展就不顺利，经费不足、人员不稳定，协会发展困难重重，目前已按规定实行协会与政府机构分离，成为社会化的行业组织，但协会的工作力量不足，难以承接政府转移的一些会展工作。

会展业管理促进力量不足，导致的直接问题就是全市会展资源的整合利用水平低，这方面应向香港学习，香港贸发局就是一个非常好的机构范例。

### 2. 公共扶持政策落实不到位

2015年市政府在对前期促进政策进行全面评估的基础上制定出台了《关于促进会议展览业加快发展的政策意见》（苏府〔2015〕57号），但在政策的落实过程中出现了对政策明确的条款不执行的情况。政策中明确，"本政策意见按现行财政体制分级承担，即姑苏区由市级财政全额承担，其他区由市级财政承担40%"。但在政策落实过程中，工业园区以执行自己的会展政策为由，不落实相应的政策资金，相城区对应承担的60%政策资金不予兑现。

政策在制定过程中已经征求各方面意见，在经市政府常务会议讨论通过后由市政府印发实施。相关的政策条款不落实，导致不少争取来的会议展览在苏州举办一次后，不再进入苏州举办，既影响市政策的信誉度，又影响了苏州会展市场的正面形象。

### 3. 会展发展水平有待提高

一是会展主体策展、组展能力不强。目前，相对于会展业的快速发展形势，苏州会展企业规模小、发展能力弱的问题很明显，特别是与一些大的会展企业相比，差距较大。据统计，截至2016年年底，苏州市共有会展主办、协办企业25家，主办或协办了2万平方米以上展览活动22个。一些企业主办的展览活动还离不开政府补贴，展览规模、办展水平、办展效益难以快速提升，而且由于规模小、专业性不强、管理经验相对落后、服务质量无法跟上等问题不同程度地存在，在会展市场形成一定的无序竞争，特别是重复办展现象在消费展方面一直存在，造成了资源的浪费。

二是品牌会展较少，国际化程度低。从整体上看，苏州市2016年举办的大大小小的会展活动有210个，规模在2万平方米以上的展会占11%，4万平方米的展会占5%。在全部210个展览活动中，国际性的有9个，全国性的有30个，可见，上规模、上档次、真正具有国际影响、实效性强的品牌展会比例非常小，会展业品牌化、国际化发展水平不高。

**4. 场馆资源分散，配套有待加强**

苏州会展场馆较为分散。从专业场馆来看，共有7个，共中市区2个，昆山3个，常熟1个，吴江1个。场馆资源的分散不仅是地理位置上分布较散，更在于这些场馆分属不同的市、区，管理运作水平差异大，各地支持办法和力度不统一。但从场馆的配套来看，苏州国际博览中心较为完善，其他场馆都存在较明显的不足，特别是昆山花桥国际博览中心，作为苏州另一个大型展馆，在交通、住宿、餐饮、其他服务等方面还有较大差距。

## 九、发展建议

### （一）高度重视会展业的发展，充分发挥会展业的经济拉动作用

会展业对经济发展有着重要作用，国务院于2015年专门印发了《关于进一步促进展览业改革发展的若干意见》（国发〔2015〕15号），全国各重点城市都在大力推进会展业的发展，在规划上给予会展业更高的定位，成立了专门的管理机构，加大政策支持力度，积极推进会展业加快发展。香港作为世界会展业五大中心之一，面对北京、上海、广州、东北、中西部五大会展经济带的崛起，香港政商界倍感压力，已提出要联合香港社会各方面人力和财力，打一场提升香港会展业、引领香港突围、迅速拉动香港经济的联合战役。苏州有雄厚的产业基础，有较好的会展业发展资源，在转型升级的关键时期，在会展业发展竞争日益加剧的关键时期，应加大会展业支持力度，在提升会展发展的同时，发挥会展业的拉动作用，带动旅游、餐饮、住宿、交通、零售、广告、创意、娱乐和基建等相关产业链的发展，形成发展的乘数效应。

### （二）进一步明晰发展定位，注重与周边城市的错位发展

《市政府印发关于加快苏州会展业发展的若干意见的通知》（苏府〔2011〕79号）提出了建设"区域会展中心城市，中国会奖旅游展览目的地城市"的发展目标。但从错位发展的角度看，苏州紧邻上海这个国际会展中心城市，若再定位于"区域会展中心城市"，显然已不符合当前会展业发展的形势。而苏州的城市特点，对苏州成为"中国会奖旅游展览目的地城市"有较好的支撑，因此建议苏州会展业的发展要依托本地工业基础和历史文化旅游资源，开展国际化、专业化、特色化的会展活动，主动接受上海辐射，实现与上海、杭州的错位联动发展。借助上海的国际影响力，坚持专业展的发展道路，承载上海部分国际会展功能，引入上海的国际会展主办方，学习其先进的运营经验，同时抓住苏州作为工业大市、工业强市的优势，借助苏州历史文化旅游休闲的丰

富资源,实现与杭州的错位发展,推动建设"中国会奖旅游展览目的地城市"。

### (三)进一步完善扶持政策,强化政策落实

2011年市政府出台了《鼓励会展业发展奖励实施意见》(苏府规字〔2011〕17号),实施三年后进行评估,于2015年市政府又出台了《关于促进会议展览业加快发展的政策意见》,在政策支持力度、扶持范围等方面保持了一定的领先地位,对全市市场化展会的发展起到了较好的促进作用。但由于政策执行过程中存在落实不到位的问题,使政策本身的作用没得到充分发挥,虽然涉及的资金不多,但影响非常不好。2016年,会展促进政策又将到期,新政策的制定已摆上议事日程。在新政策的制定中,建议把专业化、市场化、品牌化发展作为政策支持的重点,要进一步加大对苏州会议市场发展的支持,在引导展览业发展的同时,鼓励更多国际国内重要会议在苏州举办。

### (四)配强管理机构和队伍,提升行业发展的管理与服务能力

发挥市场的力量、走市场化道路是会展业持续健康发展的必然要求,但政府在会展业发展中应承担的管理和服务职能也不可或缺。从厦门、成都、重庆会展业的发展来看,政府的职能正在从展会的主办、承办向管理和服务转变。苏州会展业现有的管理和服务队伍人员不明确、职能不清晰、保障不到位的情况比较突出,已不能满足会展业发展中的管理和服务需求。在清减和规范各级党政机关办展、"压减各级党政机关举办的节庆、论坛、展会活动数量和财政经费投入"的形势下,建议设立专门会展机构,明确会展管理和服务工作职能、人员编制等,加大力度开展会展业发展促进工作。

### (五)进一步加强宣传推介,提升城市会展品牌形象

会展业是一个城市品牌的窗口。会展业由于在发展过程中造成的环境污染较其他产业少,且能自动生成会展拉动系数,即投入1元的会展产业便会产出多元的周边经济效益,世界知名会展大国德国、英国、法国的会展拉动系数为1:9或以上,新加坡更高达1:10,会展业因而成为世界经济的增长亮点,越来越受到各地政府和商界的重视。中国香港作为全球会展中心之一,2015年,有3项全球最大及10项亚洲最大的展览会在香港举行。在这样的会展业发展水平上,香港仍然把做好全面性全球性的宣传作为推进香港世界级的会议、展览事业发展的重要工作。苏州是开放型经济大市,正处于转型发展的关键时期,加强会展业的宣传推广,提升城市品牌形象,全面推进会展业发展大有可为。

## 十、关于中国昆山品牌产品进口交易会的思考与建议

从展会发展的国际化、市场化、专业化角度来看，进口交易会首先应该明确以下几个问题：

一是展会性质。虽然当初名称定为进口展，但在实际操作中，省内、市内的企业这几年一直在参展，这个展会实质上就是一个国际性展览会，引进国际展品向国内客商展示，组织省内、市内企业参展，向国际同行、客商展示，体现的不仅仅是进口展的性质。所以这个展会应该明确其国际展的特点，不应一味强调其为进口品牌展，应以进口为主导，带动出口品牌的展示。

二是展会组织形式。目前展会的主办、承办等单位都是政府机构，但在执行层面是"省贸促会＋会展公司"的组织形式。从展会的组织机构来看，从国家部委到省政府，再落实到县级市，行政层级多，效率低，决策多头的问题也很明显。多层级的行政组织以及社会企业共同举办一个大型展会，展会的发展方向和目标、办展目的实际上很难协调一致，这对展会的可持续发展非常不利。应考虑市场化对展会发展的要求，顺应市场谋求的定位，在政府主办、市场化发展、政府主导市场化操作这几个组织形式中进行优选。

三是展会的专业性。品牌商品进口交易会本身并没有明确的产品品类指向，也就是说这个展会的专业性在办展之初并不明确。在近几年的办展过程中，进口交易会主要展示的商品品类一直在变化和调整中，经过5届的发展，每届都有大幅度的调整。可以说进口交易会的专业性在总体来看一直不太明确，也并没有在专业性方面形成行业导向。

四是与周边的竞争关系。昆山临近上海。作为国际大都市、会展中心城市，上海各类专业国际展会较多，辐射能力强，这些展会实际上已经具备了进口交易会的进口品牌产品的功能。因此，从未来发展看，昆山进口交易会必然与上海相关展会形成竞争格局，如何处理好与上海相关展会的关系，特别是与虹桥国家会展中心的关系将会影响进口交易会的未来发展。

对中国昆山品牌产品进口交易会的建议：

（1）组建市场化运作的办展专业机构，实行市场化办展职能与政府需求的相对分离。让专业机构以市场化的思路去办展，开展招商、招展相关的商务活动，最终是办成进口交易会，还是办成进出口交易会，应由市场决定。政府希望通过展会这个平台实现的一些功能，应由政府部门或相关机构来落实，与展会相对独立运行。

（2）政府适当扶持，逐步推进市场化办展。昆山品牌产品进口交易会是商务部、省政府主办的较高层级的展会，并且已经举办了5届，新成立的办展机构不可能一步到位，全部实现市场化运作需要一定的过渡期，政府对展会的扶持包括资金支持、行政方

面的支持要逐步退出，确保会展平稳走向市场。

（3）从未来发展看，商务部、省政府作为主办方的作用不可或缺。作为一个国家级展会，放在昆山举办，昆山的行政支持和协调能力相对不足，保障能力不够。要做好一个国家级展会，无论是否走市场化的发展路径，商务部、省政府作为主办方，应发挥的政府层面的作用不能减弱。

（4）针对昆山品牌产品进口交易会未来的发展，有三点设想。一是作为中国国际进口博览会分会举办。2017年习近平在5月14日出席"一带一路"国际合作高峰论坛时宣布，中国将从2018年起举办中国国际进口博览会，旨在同"一带一路"建设参与国发展互利共赢的经贸伙伴关系，建设"一带一路"自由贸易网络。昆山品牌产品进口交易会可以向商务部申请成为国际进口博览会的分会场，利用国家进口博览会分会场的优势，吸引优质参展商与客商，为本地企业接触"一带一路"沿线国家出口商带来便利。二是重新进行市场定位。明确昆山品牌产品进口交易会的市场定位，将其打造成面向科技创新、新兴产业的专业化展会，准确把握展会的科技内涵，与周边其他城市的展会相区别，实现差异化发展。三是继续举办。通过设立专门的进口交易会管理机构，指定专业团队负责进口交易会各项事宜，吸纳资源更丰富的组展公司来提升进口交易会的专业性和国际水平。然而由于国家将举办中国国际进口博览会，同时昆山花桥国际博览中心场馆的自身条件限制较多，因此继续举办昆山进口交易会的难度较大。

# 苏州市全球维修试点成果情况报告

苏州市作为全国加工贸易转型升级示范城市，加工贸易额占全国的比重为13%，加工贸易发展模式的创新是当前外贸工作的重要主题，而基于制造业基础的全球维修业务则是完善加工贸易产业链、实现加工贸易发展模式创新的重要手段之一，众多企业对于进一步发展全球维修业务存在强烈需求。

2016年，国务院下发《关于促进加工贸易创新发展的若干意见》（国发〔2016〕4号），鼓励加工贸易企业承接检测维修等业务，并开展高技术含量、高附加值检测维修业务的试点。苏州作为全国服务贸易创新发展试点城市，积极推动全球维修业务发展，并将开展国际维修和维护作为全市服务贸易创新发展的重要领域之一。2016年，苏州市专门出台了《苏州市国际维修和维护业务创新发展行动计划》，积极争取全球维修业务先行先试，有效引导产业布局优化完善，增强我市加工贸易企业在国际市场竞争中的主动权，探索全球维修业务的发展路径，促进加工贸易转型升级，助推外贸平稳发展，形成外资新的增长点，取得了一定的成效。

## 一、基本情况

据苏州检验检疫局统计，2016年苏州市已开展入境维修/再制造的企业共32家，入境维修产品进口额约14.2亿美元，进出口额约29.8亿美元，入境维修业务规模位列全国各省市第一。

截至2017年，世硕电子建立了百万级的苹果手机维修再制造生产基地，年产能超过10亿美元。名硕电脑2016年全球维修业务量近2亿美元。昆山研华科技、高新区克诺尔车辆、工业园区飞利浦医疗、常熟达富电脑等获准试点企业不断创新，探索可复制、可推广的试点经验。苏州市还做好重点加工贸易企业业务辅导，积极争取符合条件的后备企业尽早开展试点，加快建设一批合规示范企业。

## 二、主要成效

### （一）促进加工贸易企业转型升级

2017年，苏州市在电子信息、光电产业、机械和装备制造、交通运输设备及零部件、医疗器械、智能装备领域已经成为全球重要的制造基地，但受成本持续上升、周边竞争加剧等因素的影响，其发展正面临挑战。全球维修业务作为保持产业链完整及向产业链高端延伸的重要环节，可促进企业从传统加工贸易向技术含量更高、附加值更丰厚的服务贸易转型。

一是促进企业研发业务开展。有助于生产企业或维修中心通过建立故障库及模型库，为研发中心提高后续产品研发质量以及研发新品提供翔实的基础数据，提升后续产品研发效果和企业竞争力。二是促进产业链提质升级。有助于企业将产业链由原来的加工制造环节延伸至后期检测维修服务，形成以生产订单带动维修订单、以维修订单促进生产订单的良性循环，实现从制造业向生产性服务业的转型升级。三是承接国际产能转移。全球维修业务的开展是落实利用国际国内两种资源、拓展两个市场的重要举措，有助于企业以较低的财务和物流成本开展业务，抢占国际市场和总部订单，吸引跨国企业产能转移。

### （二）探索监管模式创新发展

苏州市依托苏州服务贸易创新发展试点、加工贸易转型升级试点、工业园区开展开放创新综合试验等国家级创新发展平台，集成各类先行先试政策优势，在借鉴和复制上海自贸区等全球维修业务监管模式上取得较大突破。

#### 1. 创建一个全过程监管机制

学习、借鉴和复制上海自贸区全球维修业务监管的成功经验，在保证维修货物"原进原出"的基础上，继续做好从境外入区、经维修后出境的维修货物保税监管工作。加强全球维修业务检验监管的风险分析，建立风险评估、能力评估、境外预检、到货检验、过程监管等全过程风险管理机制，真正做到对全球维修产品采取"全数核查、全过程监控、全数复出口"的"三全"监管方式，实现全球维修业务全过程监督管理。

#### 2. 建立一套企业维修管理制度

维修企业逐步建立了"四专一严"的管理制度，即建立专门的维修车间、专门的存储仓库、专业的维修队伍、专门的核销台账和严格的管理制度，确保全球维修产业向"高技术含量、高附加值、无环境污染"的方向发展。

#### 3. 制定一套企业维修流程

进一步规范企业全球维修业务的有序开展，要求维修企业制定一套统一的维修流程，包括维修产品入库、开箱验收、维修前测试、维修（拆解）、维修后检测、加施维修标识、包装、再次入库、出货前检验、出货发运等环节，并对维修过程的每一道工序制定严格的作业流程。

#### 4. 探索一套差别化管理模式

探索实施企业差别化管理和产品差别化管理的模式。对通过能力评估的全球维修企业,其维修产品全部来自境外且经维修后成品全部返回境外,废弃物退运境外或经专业的废弃物处置平台统一销毁的,免于实施装运前检验;对于未经能力评估或未通过能力评估的企业,按照"入境前核准+装运前检验+口岸查验+到货检验+监督管理"的程序对全球维修产品实施检验监管。

**5. 构建一个共治合作机制**

加强政府各部门的沟通合作,海关、国检、环保、商务部门建立联合审批、统筹协调的工作机制,构建全球维修业务共治合作机制并明确各部门职能,商务部门负责全球维修业务申请、牵头协调全球维修企业的准入评估等工作;检验检疫部门负责全球维修产品全过程检验监管和维修后成品的质量安全项目检验工作;海关部门负责维修后产品出境、废弃物退运出境核销处理;环保部门负责开展环评、环保审批和监管维修过程废弃物的排放和无害化处理工作。通过部门联动,形成监管合力,倡导企业自律,促进产业规范。

2017年,"质量共治,差别化监管"的国际维修检验监管模式被省政府作为苏州工业园区开放创新综合试验改革经验复印推广至全省试点海关特殊监管区域。

## 三、成功案例

飞利浦医疗(苏州)有限公司成立于2010年,投资总额5 500万美元,生产的产品包含计算机X射线断层检查仪、磁共振专用磁体、彩色超声波检测仪、正电子放射断层造影系统等,产品出口比例达75%。受维修业务发展需要,飞利浦医疗(苏州)有限公司向园区经发委、海关、检验检疫等部门提出,需对自产出口的医疗设备产品中部分零部件、元器件进行售后维修复出口。如顺利开展自产出口产品的售后维修,将为飞利浦医疗苏州有限公司出口的医疗设备提供质量保障,预计每年将新增出口额1亿多美元。飞利浦医疗苏州有限公司自产出口产品的售后维修属于高附加值的生产型服务环节,是传统加工装配的自然延伸,是加工贸易转型升级所鼓励的方向。同时,飞利浦医疗(苏州)有限公司自产产品获准开展售后维修后,将对扩大更高端医疗设备的产能和研发水平起到积极的促进作用。

为支持企业的合理诉求,苏州工业园区相关主管部门制订严格有效的监管方案,并将督促飞利浦公司加强管理,做到"三个确保",即确保维修品全部是苏州公司自产产品,确保维修品最终全部复运出境,确保维修业务不对国内环境造成影响,同时,多次协调海关、国检、商务部门实地调研并积极向上级争取。2016年8月,园区管委会向省厅提交《关于飞利浦医疗(苏州)有限公司开展自产产品售后维修业务的请示》,经省厅转报,2017年1月,商务部、海关总署在《关于飞利浦医疗(苏州)有限公司开展自产出口产品售后维修业务有关问题的复函》中明确飞利浦医疗(苏州)有限公司可以根据《机电产品进口管理办法》，对其自产出口的医疗设备零部件，以加工贸易方式复进口售后维修后再出口，飞利浦医疗（苏州）有限公司成为我市首家获得开展医疗设备全球维修业务资质的企业。

### 四、下一步工作举措

苏州市将立足苏州制造业基础，以"高技术含量、高附加值、无污染"为基本准则，在严格执行相关进出口政策和有效控制环境风险的前提下，加强部门合作，形成合力，积极向上争取不区分自产产品和非自产产品的覆盖面的更宽泛的国际维修和维护业务在我市先行先试，吸引更多的跨国公司全球维修中心落户我市。积极实施国际维修和维护业务"走出去"战略，推动苏州本土自主品牌企业在境外设立维修中心或授权第三方开展维修服务。保持全市国际维修和维护服务贸易的持续快速发展。至2018年年底，力争国际维修和维护服务贸易额年均翻一番，积极创建"国家高新技术产品入境维修检验监管示范区"，努力将苏州打造成国内外领先的国际维修和维护服务先进城市。

# 第三部分　服务贸易相关文件汇编

# 国务院关于同意开展服务贸易
# 创新发展试点的批复

(国函〔2016〕40号)

天津市、黑龙江省、上海市、江苏省、浙江省、山东省、湖北省、广东省、海南省、重庆市、四川省、贵州省、陕西省人民政府，商务部：

商务部关于开展服务贸易创新发展试点的请示收悉。现批复如下：

一、原则同意商务部提出的《服务贸易创新发展试点方案》，同意在天津、上海、海南、深圳、杭州、武汉、广州、成都、苏州、威海和哈尔滨新区、江北新区、两江新区、贵安新区、西咸新区等省市（区域）开展服务贸易创新发展试点。试点期为2年，自国务院批复之日起算。

二、试点建设要全面贯彻党的十八大和十八届三中、四中、五中全会精神，认真落实党中央、国务院决策部署，按照"四个全面"战略布局要求，牢固树立并贯彻落实创新、协调、绿色、开放、共享的发展理念，充分发挥地方在发展服务贸易中的积极性和创造性，推进服务贸易领域供给侧结构性改革，健全服务贸易促进体系，探索适应服务贸易创新发展的体制机制和政策措施，着力构建法治化、国际化、便利化营商环境，打造服务贸易制度创新高地。

三、有关部门和省、直辖市人民政府要适应服务贸易创新发展要求，坚持深化简政放权、放管结合、优化服务等改革，加强对试点工作的指导和政策支持，积极鼓励试点地区大胆探索、创新发展。

四、试点地区人民政府（管委会）要加强对试点工作的组织领导，负责试点工作的实施推动、综合协调及措施保障。按照《服务贸易创新发展试点方案》要求，重点在管理体制、促进机制、政策体系和监管模式方面先行先试，形成可复制可推广的经验，定期向商务部报送试点成果，为全国服务贸易创新发展探索路径。要结合本地实际，突出地方特色，制订试点工作实施方案，经省级人民政府批准同意后，报商务部备案。

五、国务院有关部门要按照职能分工，加强指导和服务。加强部门之间的沟通协作和政策衔接，深入调查研究，及时总结经验，指导和帮助地方政府切实解决试点中遇到的困难和问题,为试点建设创造良好的环境。商务部要加强统筹协调、跟踪分析和督促检查,适时对试点工作进行评估,重大问题和情况及时报告国务院。

附件:《服务贸易创新发展试点方案》

国务院

2016年2月22日

附件

# 服务贸易创新发展试点方案

加快发展服务贸易是促进外贸转型升级的重要支撑，是推进供给侧结构性改革和培育新动能的重要抓手，是大众创业、万众创新的重要载体，对于推动出口、带动就业，实现外贸从"大进大出"向"优进优出"转变具有重要意义。按照《中共中央国务院关于构建开放型经济新体制的若干意见》和《国务院关于加快发展服务贸易的若干意见》（国发〔2015〕8号）有关要求，为探索适应服务贸易创新发展的体制机制和支持政策体系，促进服务贸易创新发展，特制订本方案。

## 一、总体要求

全面贯彻党的十八大和十八届三中、四中、五中全会精神，按照党中央、国务院决策部署，牢固树立创新、协调、绿色、开放、共享的发展理念，充分发挥地方的积极性和创造性，选择部分地区在服务贸易管理体制、促进机制、政策体系、监管模式等方面先行先试，推进服务贸易便利化和自由化，着力构建法治化、国际化、便利化营商环境，打造服务贸易制度创新高地。

## 二、试点地区及期限

试点地区为天津、上海、海南、深圳、杭州、武汉、广州、成都、苏州、威海等10个省市和哈尔滨新区、江北新区、两江新区、贵安新区、西咸新区等5个国家级新区。试点期为2年。

## 三、试点任务

### （一）探索完善服务贸易管理体制

建立与国际服务贸易通行规则相衔接的促进、服务和监管体系，探索适应服务贸易创新发展的体制机制。开展服务贸易领域地方性法规立法探索，构建法治化、国际化、便利化营商环境。加强统筹协调，建立服务贸易跨部门协调机制，促进产业政策、贸易政策、投资政策的有效衔接、良性互动。健全政府、协会、企业协同配合的服务贸易促进和服务体系，建立服务贸易重点企业联系制度。

### （二）探索扩大服务业双向开放力度

结合本地区产业特色，稳步推进金融、教育、文化、医疗、育幼养老、建筑设计、会计审计、商贸物流等行业对外开放。支持本地区旅游、研发设计、会计咨询、资产评估、信用评级、法律服务、商贸物流等领域企业开展跨国经营，支持企业深度开拓国际市场。

### （三）探索培育服务贸易市场主体

加强部门协作，整合公共资源，加大对服务出口重点领域企业的支持力度，推动扩大服务出口。依托服务贸易重点领域的大企业，探索建立一批项目对接平台、国际市场推广平台、共性技术支撑平台等公共服务平台，为行业内中小企业提供公共服务，支持有特色、善创新的中小企业发展，引导中小企业融入全球价值链。

### （四）探索创新服务贸易发展模式

积极探索信息化背景下服务贸易发展新模式，依托大数据、物联网、移动互联网、云计算等新技术推动服务贸易模式创新，打造服务贸易新型网络平台。促进技术贸易、金融、中医药服务贸易领域加快发展。积极承接离岸服务外包，提升服务跨境交付能力。

### （五）探索提升服务贸易便利化水平

创新通关监管机制和模式，为服务贸易企业进出口货物提供通关便利。探索便利跨境电子商务、供应链管理等新型服务模式发展的监管方式。依托海关特殊监管区域，发展特色服务出口产业。推动境内外专业人才和专业服务便利流动，为外籍高端人才在华工作居留等提供便利。

### （六）探索优化服务贸易支持政策

发挥财政资金引导作用，加大对服务贸易发展的支持力度，优化资金安排结构，完善和创新支持方式，引导更多社会资金投入服务贸易，支持服务贸易企业加强创新能力建设。探索设立服务贸易创新发展引导基金，拓宽融资渠道，扶持服务贸易企业发展壮大。鼓励金融机构积极创新金融产品和服务，按照风险可控、商业可持续原则，积极为"轻资产"服务贸易企业提供融资便利。

## （七）探索健全服务贸易统计体系

建立统计监测、运行和分析体系，拓展基础数据来源，整合各部门服务贸易统计信息，实现共用共享。创新统计方法，完善重点企业数据直报工作，创新数据采集方式，扩大统计覆盖面，实现应统尽统。探索建立对服务贸易四种模式（跨境提供、境外消费、商业存在和自然人移动）的全口径统计。

## （八）探索创新事中事后监管举措

进一步简政放权、放管结合，寓管理于服务之中。完善技术、文化等领域进出口监测，探索创新事中事后监管举措，形成各部门信息共享、协同监管和社会公众参与监督的监管体系，确保政治经济文化安全。建立服务贸易市场主体信用记录，纳入信用信息共享平台，探索对严重失信主体实施跨部门联合惩戒，对诚实守信主体实施联合奖励。实施"互联网+监管"，探索运用大数据技术，依据信用记录和信用评价，对相关主体实行差别化分类监管。将服务贸易创新发展试点情况纳入地方政府考核评价指标体系，完善考核机制。

试点地区要根据上述要求细化形成各自的试点方案，在全面推进落实八项试点任务的同时，立足产业发展特点和自身优势，突出重点、精准施策，确定一批重点发展的行业和领域，建设若干特色服务出口基地，形成可在全国复制推广的改革、开放、创新经验。

## 四、政策保障

### （一）加大中央财政支持力度

中央财政支持建立服务贸易统计监测管理信息系统，创新事中事后监管举措，切实防止骗税和骗取补贴等行为。支持试点地区建设服务贸易和服务外包公共服务平台。对试点地区进口国内急需的研发设计、节能环保和环境服务等给予贴息支持。

### （二）完善税收优惠政策

在试点地区扩大技术先进型服务企业认定范围，由服务外包扩大到其他高技术、高附加值的服务行业。将服务外包领域技术先进型服务企业税收优惠政策由服务外包示范城市推广到试点地区。经认定的技术先进型服务企业，减按15%税率缴纳企业所得税；职工教育经费不超过工资薪金总额8%部分据实税前扣除，超过部分，准予在以后纳税年度结转扣除。

### （三）落实创新金融服务举措

鼓励和支持在服务贸易及相关的投融资和跨境电子商务活动中使用人民币进行计价结算，规避企业汇率风险。鼓励金融机构积极创新适合服务贸易特点的金融服务，扩大出口信用保险保单融资，大力发展供应链融资、海外并购融资、应收账款质押贷款和融资租赁等业务。鼓励政策性金融机构在现有业务范围内加大对服务贸易企业开拓国际市场、开展国际并购的支持力度。

### （四）设立服务贸易创新发展引导基金

中央财政支持设立服务贸易创新发展引导基金，为试点地区有出口潜力、符合产业导向的中小服务企业提供融资支持服务。

### （五）探索便利化举措

对试点地区经认定的技术先进型服务企业，全面实施服务外包保税监管模式。

## 五、组织实施

各有关部门和地方人民政府要加强组织领导，落实工作责任。试点地区人民政府（管委会）作为试点工作的责任主体，负责试点工作的组织领导、实施推动、综合协调及措施保障，每年向商务部报送试点成果和可复制可推广的经验。有关省、直辖市人民政府要加强对试点工作的指导和政策支持。商务部要充分发挥国务院服务贸易发展部际联席会议办公室作用，会同有关部门加强宏观指导、督促推动、考核评估和政策协调，及时总结工作经验，组织复制推广，并将年度考核结果报国务院。

# 关于在服务贸易创新发展试点地区推广技术先进型服务企业所得税优惠政策的通知

（财税〔2016〕122号）

天津、上海、海南、深圳、浙江、湖北、广东、四川、江苏、山东、黑龙江、重庆、贵州、陕西省（直辖市、计划单列市）财政厅（局）、国家税务局、地方税务局、商务主管部门、科技厅（委、局）、发展改革委：

为加快服务贸易发展，进一步推进外贸结构优化，根据国务院有关决定精神，现就在服务贸易创新发展试点地区推广技术先进型服务企业所得税优惠政策通知如下：

一、自2016年1月1日起至2017年12月31日止，在天津、上海、海南、深圳、杭州、武汉、广州、成都、苏州、威海和哈尔滨新区、江北新区、两江新区、贵安新区、西咸新区等15个服务贸易创新发展试点地区（以下简称"试点地区"）实行以下企业所得税优惠政策：

1. 符合条件的技术先进型服务企业减按15%的税率征收企业所得税。

2. 符合条件的技术先进型服务企业实际发生的职工教育经费支出，不超过工资薪金总额8%的部分，准予在计算应纳税所得额时扣除；超过部分，准予在以后纳税年度结转扣除。

二、本通知所称技术先进型服务企业须满足的条件及有关管理事项，按照《财政部国家税务总局商务部科技部国家发展改革委关于完善技术先进型服务企业有关企业所得税政策问题的通知》（财税〔2014〕59号）的相关规定执行。其中，企业须满足的技术先进型服务业务领域范围按照本通知所附《技术先进型服务业务领域范围（服务贸易类）》执行。

三、试点地区人民政府（管委会）财政、税务、商务、科技和发展改革部门应加强沟通与协作，发现新情况、新问题及时上报财政部、国家税务总局、商务部、科技部和发展改革委。

四、《财政部国家税务总局商务部科技部国家发展改革委关于完善技术先进型服务企业有关企业所得税政策问题的通知》（财税〔2014〕59号）继续有效。

附件：《技术先进型服务业务领域范围（服务贸易类）》

财政部　国家税务总局　商务部
科技部　国家发展改革委
2016年11月10日

附件

### 技术先进型服务业务领域范围（服务贸易类）

| 类　别 | 适用范围 |
|---|---|
| 一、计算机和信息服务 | |
| 1. 信息系统集成服务 | 系统集成咨询服务；系统集成工程服务；提供硬件设备现场组装、软件安装与调试及相关运营维护支撑服务；系统运营维护服务，包括系统运行检测监控、故障定位与排除、性能管理、优化升级等 |
| 2. 数据服务 | 数据存储管理服务，提供数据规划、评估、审计、咨询、清洗、整理、应用服务，数据增值服务，提供其他未分类数据处理服务 |
| 二、研究开发和技术服务 | |
| 3. 研究和实验开发服务 | 物理学、化学、生物学、基因学、工程学、医学、农业科学、环境科学、人类地理科学、经济学和人文科学等领域的研究和实验开发服务 |
| 4. 工业设计服务 | 对产品的材料、结构、机理、形状、颜色和表面处理的设计与选择；对产品进行的综合设计服务，即产品外观的设计、机械结构和电路设计等服务 |
| 5. 知识产权跨境许可与转让 | 以专利、版权、商标等为载体的技术贸易。知识产权跨境许可是指授权境外机构有偿使用专利、版权和商标等；知识产权跨境转让是指将专利、版权和商标等知识产权售卖给境外机构 |
| 三、文化技术服务 | |
| 6. 文化产品数字制作及相关服务 | 采用数字技术对舞台剧目、音乐、美术、文物、非物质文化遗产、文献资源等文化内容以及各种出版物进行数字化转化和开发，为各种显示终端提供内容，以及采用数字技术传播、经营文化产品等相关服务 |
| 7. 文化产品的对外翻译、配音及制作服务 | 将本国文化产品翻译或配音成其他国家语言，将其他国家文化产品翻译或配音成本国语言以及与其相关的制作服务 |
| 四、中医药医疗服务 | |
| 8. 中医药医疗保健及相关服务 | 与中医药相关的远程医疗保健、教育培训、文化交流等服务 |

# 市政府关于成立苏州市服务贸易
# 创新发展试点工作领导小组的通知

（苏府办〔2016〕153号）

各市、区人民政府，苏州工业园区、苏州高新区、太仓港口管委会；市各委办局，各直属单位：

为全面部署和推进国家级服务贸易创新发展试点工作，市政府决定成立市服务贸易创新发展试点工作领导小组，成员名单如下：

组　长：曲福田　市长
副组长：盛　蕾　市委常委、副市长
成　员：韩　卫　市政府副秘书长、市口岸办主任
　　　　顾海东　市发改委主任
　　　　周　伟　市经信委主任
　　　　蔡剑峰　市科技局副局长
　　　　顾　丰　市公安局副局长
　　　　吴　炜　市财政局局长
　　　　程华国　市人社局局长
　　　　吴维群　市国土局局长
　　　　邵建林　市交通局局长
　　　　吴新明　市商务局局长
　　　　陈　嵘　市文广新局局长
　　　　谭伟良　市卫生计生委主任
　　　　朱国强　市旅游局局长
　　　　刘海东　市工商局局长
　　　　陈建民　市食药监局局长
　　　　张　彪　市知识产权局局长
　　　　陈鼎昌　市统计局局长
　　　　徐华东　市外办主任
　　　　宋继峰　市金融办副主任

柏立云　市国税局局长
唐晓鹰　苏州地税局局长
朱建明　苏州出入境检验检疫局局长
阎伟国　苏州海关副关长
许永伟　中国人民银行苏州中心支行副行长
朱厚志　苏州银监分局局长
单来锦　苏州保监分局局长
黄　戟　张家港市代市长
周勤第　常熟市代市长
王建国　太仓市代市长
杜小刚　昆山市市长
沈国芳　吴江区区长
唐晓东　吴中区区长
查颖冬　相城区区长
徐　刚　姑苏区代区长
杨知评　苏州工业园区管委会主任
周旭东　苏州高新区管委会主任

　　苏州市服务贸易创新发展试点工作领导小组下设办公室，负责日常工作。由吴新明局长兼任办公室主任。

苏州市人民政府

2016 年 10 月 10 日

# 苏州市政府办公室关于印发苏州市服务贸易创新发展试点实施方案及重点试点行业七大行动计划的通知

(苏府办〔2016〕224号)

各市、区人民政府，苏州工业园区、苏州高新区、太仓港口管委会；市各委办局，各直属单位：省政府已原则同意《苏州市服务创新发展试点实施方案》（苏政复〔2016〕104号），并提出了具体的工作要求。经市政府研究决定，现将省政府批复、试点实施方案及涉及运输、金融、服务外包、知识产权、国际维修和维护、文化、旅游等7大行业的行动计划一并印发给你们，请认真组织实施。

苏州市人民政府办公室
2016年10月11日

# 关于转发《省政府关于苏州市服务贸易创新发展试点实施方案的批复》的通知

(苏服贸试点办〔2016〕01号)

各市、区人民政府,苏州工业园区,苏州高新区管委会,市各有关部门:

《苏州市服务贸易创新发展试点实施方案》已经江苏省人民政府(苏政复〔2016〕104号)批复同意,现将《省政府关于苏州市服务贸易创新发展试点实施方案的批复》印发给你们,请按批复要求认真做好组织实施工作。

附件:1.《省政府关于苏州市服务贸易创新发展试点实施方案的批复》
   2.《苏州市服务贸易创新发展试点实施方案》

苏州市服务贸易创新发展试点工作领导小组<br>2016年10月10日

附件1

# 省政府关于苏州市服务贸易创新发展试点实施方案的批复

(苏政复〔2016〕104号)

苏州市人民政府、省商务厅：

《苏州市人民政府关于恳请批准〈苏州市服务贸易创新发展试点实施方案〉的请示》（苏府呈〔2016〕86号）收悉，现批复如下：

一、原则同意《苏州市服务贸易创新发展试点实施方案》（以下简称《方案》），请认真组织实施。

二、苏州市人民政府要加强组织领导，落实工作责任，抓好具体实施工作。要适应服务贸易创新发展要求，坚持深化简政放权、放管结合、优化服务等改革，健全服务贸易促进体系，探索适应服务贸易创新发展的体制机制，着力构建法治化、国际化、便利化营商环境。要充分发挥苏州市的开放优势、产业优势和区位优势，结合本地实际，突出地方特色，重点在完善管理体制、扩大双向开放、培育市场主体、创新发展模式、提升便利化水平、优化支持政策、健全统计体系、创新事中事后监管举措等方面先行先试，形成可复制可推广的经验，为全省及全国服务贸易创新发展探索路径。

三、省商务厅要加强对试点工作的指导、支持和服务，及时跟踪分析《方案》的实施情况，加强与省有关部门的沟通配合，加大政策支持力度，帮助解决试点中遇到的困难和问题，认真做好试点经验的总结、评估和推广工作。

江苏省人民政府<br>2016年9月22日

附件 2

# 苏州市服务贸易创新发展试点实施方案

为认真贯彻落实国务院《关于加快发展服务贸易的若干意见》（国发〔2015〕8号）和《关于同意开展服务贸易创新发展试点的批复》（国函〔2016〕40号）等文件精神，扎实推进苏州市服务贸易创新发展试点工作，制订本实施方案。

## 一、总体要求

### （一）指导思想

深入贯彻党的十八大和十八届二中、三中、四中、五中全会以及习近平总书记系列重要讲话特别是视察江苏重要讲话精神，按照党中央、国务院决策部署，依托苏州市在制造业、开放型经济以及中国新加坡合作、海峡两岸融合等方面的优势，坚持改革开放创新，大力发展服务贸易，培育"中国服务"的国际竞争力，推动对外贸易以货物贸易为主向货物与服务贸易并重转变。建立服务贸易统计监测体系，推进服务贸易领域供给侧结构性改革，健全服务贸易促进体系，创新服务贸易发展模式，聚焦服务贸易重点领域，探索适应服务贸易创新发展的体制机制和政策措施，构建法治化、国际化、便利化营商环境，打造服务贸易制度创新高地，发挥示范带动作用，为全面建成小康社会、开启现代化建设新征程增添新动力。

### （二）发展目标

经过2年的创新试点，苏州市服务贸易取得突破性成效。对接国际标准并覆盖世界贸易组织服务贸易总协定四种供应模式的服务贸易统计体系确保建成并成熟运行，每年发布苏州市服务贸易发展报告；服务贸易领域供给侧结构性改革基本完成；服务贸易发展促进体系得到健全和完善；全市服务贸易规模实现较快增长，结构进一步优化，在对外贸易中的比重明显提升；服务贸易改革开放、创新发展的成果丰硕；服务贸易成为苏州扩大开放、拓展发展空间的重要抓手，成为全市经济社会转型发展新的推动力量。

1. 发展规模稳步扩大。今后两年全市服务贸易年均增长15%以上。

2. 重点行业突破发展。将运输、金融、服务外包、知识产权、国际维修和维护、文化、旅游作为苏州市服务贸易创新发展试点的7大重点行业，探索行业创新发展的领域和模式，研究建立针对性的政策保障和促进机制，争取得到突破性发展。

3. 集聚效应加速形成。充分发挥苏州市开放型经济载体建设的优势，建设一批服务贸易创新发展试验区，扶持一批服务贸易创新发展重点企业，形成服务贸易的集聚和示范效应。至 2017 年年末，建成 30 个服务贸易创新发展试验区，认定 200 家服务贸易创新发展重点企业。

4. 特色平台广泛覆盖。围绕企业转型需求和行业发展需要，探索建设一批项目对接平台、国际市场推广平台、共性技术支撑共享平台、信息共享平台和金融服务支持平台。至 2017 年年末，建成 10 个以上具有较强服务能力和较大区域影响的服务贸易创新发展服务平台。

## 二、主要任务

### （一）完善服务贸易管理体制

1. 建立组织领导体系。成立苏州市服务贸易创新发展试点工作领导小组，由市政府主要领导任组长，市发改委、市经信委、市科技局、市公安局、市财政局、市人社局、市国土局、市交通局、市商务局、市文广新局、市旅游局、市工商局、市知识产权局、市统计局、市外办、市金融办、市国税局、苏州地税局、苏州海关、苏州出入境检验检疫局、市外汇管理局、苏州银监分局、苏州保监分局等部门以及各市、区政府和苏州工业园区管委会为成员单位，领导小组下设办公室、贸易促进组、统计工作组、财税金融政策组，研究创新试点的新政策、新机制、新措施，突破服务贸易发展的重点、难点，探索服务贸易创新发展的成功经验，办公室设在市商务局。各市（县）、区成立相应领导小组，负责本市、区服务贸易创新试点工作的推进落实。

2. 优化管理制度体系。以国际服务贸易通行规则为参照，对现行服务贸易管理制度进行全面梳理分析，简化审批、优化监管、强化服务，形成与服务贸易创新发展相匹配的服务贸易促进、服务和监管制度体系。（牵头单位：市商务局；责任单位：市发改委、经信委、科技局、公安局、人社局、交通局、文广新局、旅游局、知识产权局、统计局、外办、金融办、市国税局、苏州出入境检验检疫局、海关、人民银行苏州市中心支行、苏州银监分局、保监分局）

3. 强化服务保障体系。建立市、区（县）两级，涵盖所有试点行业的重点企业库，制定联系制度，开展跟踪服务。引入专家指导服务机制，建立行业发展专家库，对行业、企业发展进行针对性指导服务。推动成立服务贸易行业协会，积极开展分类指导、重点服务。（牵头单位：市商务局；责任单位：市发改委，经信委，科技局，交通局，文广新局，旅游局，知识产权局，金融办，各市、区政府，苏州工业园区管委会）

## （二）扩大服务业双向开放

鼓励以商业存在方式开展服务贸易，不断削减服务业投资壁垒和障碍。

1. 放宽服务业市场准入，扩大服务业对外开放。在苏州开展试点的7大重点行业以及苏州具有优势的对台合作领域，积极向上争取取消或降低投资者资质要求、股比限制、经营范围限制。（牵头单位：市商务局；责任单位：市发改委、经信委、科技局、交通局、文广新局、旅游局、知识产权局、金融办、苏州银监分局、保监分局）

2. 引进跨国公司功能型总部。依托苏州跨国公司生产制造子公司众多的优势，创造条件、设计政策措施，引导跨国公司设立研发、财务、核算、采购、销售、物流、行政管理、信息处理等功能性总部，落实总部经济政策。（牵头单位：市商务局；责任单位：市发改委、经信委、科技局、财政局、交通局、文广新局、旅游局、知识产权局、金融办）

3. 强化与中国台湾地区、新加坡的服务业合作。加快建设昆山深化两岸产业合作试验区、中国—新加坡现代服务业合作试验区，深化对新加坡、中国台湾相关服务贸易行业领域的研究，探索与新加坡、中国台湾服务贸易合作的新机制，扩大服务贸易规模。（牵头单位：昆山市政府、苏州工业园区管委会；责任单位：市发改委、经信委、科技局、交通局、商务局、文广新局、旅游局、知识产权局、金融办、人民银行苏州市中心支行）

4. 鼓励企业开展对外投资和经济合作。对苏州开展试点的7大重点行业的企业的境外投资给予特别支持。鼓励和支持企业通过开展对外工程承包深入开拓国际市场。充分利用国家、省对于对外投资及经济合作的支持政策。修订苏州市政府《关于鼓励企业转型发展的若干商务政策措施》，对企业开展跨国经营、投资境外服务业企业以及设立境外销售、推广、研发机构给予更大力度的政策支持。鼓励企业开发建设境外经贸合作区；鼓励有条件的企业开展多种形式的经济合作。对投资境外的苏州母公司对境外子公司职员的实习培训给予支持。（牵头单位：市商务局；责任单位：市发改委、经信委、科技局、财政局、交通局、文广新局、旅游局、知识产权局）

## （三）培育服务贸易市场主体

推动各类资源向服务贸易企业倾斜，扶持一批服务贸易主体，扩大服务贸易出口。

1. 支持服务贸易企业做大做强。支持企业通过兼并、联合、重组、上市等方式和途径加快规模扩张，大力推进总部经济发展。鼓励企业开展科技、管理和商业模式创新。探索建立服务质量标准体系，培育一批拥有自主知识产权、具有国际视野和水准、拥有较强竞争力的服务贸易品牌企业，加快打造"苏州服务"国际品牌。开展服务贸易技术先进型服务企业以及高附加值型服务贸易企业的认定。制定并发布苏州市服务贸易创新发展重点企业的认定标准和评定办法。(牵头单位：市商务局；责任单位：市发改委、经信委、科技局、财政局、交通局、文广新局、旅游局、知识产权局、工商局、统计局、金融办、市国税局、苏州出入境检验检疫局、海关、人民银行苏州市中心支行)

2. 加强知识产权服务。探索设立知识产权交易中心。鼓励国内外优秀知识产权服务机构来苏提供服务，积极引进国内外优质知识产权来苏转化运用，助推苏州创新发展和转型升级。加强知识产权培训，提升企业知识产权意识，深入开展知识产权海外预警分析，做好知识产权维权援助，增强企业知识产权维权和创新发展能力。(牵头单位：市知识产权局；责任单位：市发改委、经信委、科技局、商务局、文广新局、旅游局)

3. 建设公共服务平台。结合发展实际，加大重点领域的设计及技术研发、旅游推广、文化贸易及交流、知识产权服务、金融支持、人才保障等服务保障平台的建设推进力度，注重中小企业服务需求，不断完善平台功能。制定并发布苏州市服务贸易创新发展服务平台的认定标准和评定办法(牵头单位：市发改委；责任单位：市经信委、科技局、财政局、人社局、交通局、商务局、文广新局、旅游局、知识产权局、金融办、苏州海关、出入境检验检疫局)

### (四) 创新服务贸易发展模式

1. 探索信息化背景下服务贸易发展新模式。开展"互联网+服务贸易"的探索，加速"互联网+"与外包、物流、旅游、金融、文化等重点行业的融合发展，推进"大、物、云、移"等新技术的应用，促进电子商务业态创新。修订苏州市政府《关于促进电子商务加快发展的政策意见的通知》，鼓励发展服务贸易跨境电子商务，鼓励境内外电子商务企业在中国（苏州）跨境电子商务综合试验区内设立电商企业，对建立服务贸易功能的跨境电商平台给予政策支持。(牵头单位：市商务局；责任单位：市发改委、经信委、科技局、交通局、文广新局、旅游局、知识产权局、金融办)

2. 促进技术、金融等服务贸易领域加快发展。强化科技服务集聚区服务贸易功能，以苏州自主创新广场为核心，提升线上线下服务能力，推出科技服务超市"升级版"，大力实施创客天堂行动，积极发展一批众创服务集聚区。研究制定鼓励引导技术进出口的政策措施。发挥好外资金融机构作用，继续引进国际化、专业化金融中介服务机构。(责任单位：市商务局、金融办、科技局、人民银行苏州市中心支行)

3. 积极承接离岸服务外包，提升服务跨境交付能力。加大对服务外包产业的支持力度，制定出台《苏州市关于促进服务外包产业加快发展的实施意见》，继续实施《苏州市促进服务外包跨越发展的若干政策》，扶持服务外包企业做优做强。鼓励企业建设境外接包中心，提升跨境交付能力。全面实施企业竞争力提升工程、制造业服务化工程和"互联网+"融合工程，培育壮大服务外包市场主体，拓展行业领域，加快产业转

型升级。(牵头单位：市商务局；责任单位：市发改委、经信委、科技局、交通局、文广新局、旅游局、知识产权局)

### (五) 提升服务贸易便利化水平

1. 创新通关管理模式。针对服务贸易相关货物产品特色，以苏州海关、苏州出入境检验检疫局关检"三个一""三互"建设和国际贸易"单一窗口"试点为基础，开展以生物医药研发为代表的服务贸易通关相关模式研究，为服务贸易企业进出口货物提供通关便利；开展对跨境电子商务、供应链管理等新型服务模式发展的研究，实施便利化监管；推动境内外专业人才和专业服务便利流动，为进出境旅客通关提供便利；探索海关接受软件、离岸转口贸易、带料加工贸易等服务贸易报关，建立和完善特定种类的服务贸易报关方式。(牵头单位：苏州出入境检验检疫局、海关；责任单位：市经信委、科技局、交通局、商务局、文广新局、旅游局、知识产权局)

2. 推动服务贸易集聚发展。充分运用苏州市建设开发区的经验和优势，营造服务贸易发展的集聚和示范效应。制定并发布苏州市服务贸易创新发展试验区的认定标准和评定办法。(牵头单位：市商务局；责任单位：市发改委、经信委、科技局、财政局、交通局、商务局、文广新局、旅游局、知识产权局、金融办、苏州海关、出入境检验检疫局)

3. 发展海关特殊监管区特色服务贸易。依托苏州海关特殊监管区规模大、种类多的优势，积极分析研究，着力破除综合保税区阻碍来料加工和国际转口、物流、分销、仓储等服务贸易发展的体制机制障碍，在苏州的综合保税区试点实施内外贸一体化改革。力争经过2年左右的努力，使海关特殊监管区重新获得强大的竞争力，成为高端加工贸易的集聚地。(牵头单位：苏州海关；责任单位：市交通局、商务局、财政局、市国税局、外汇管理局、苏州出入境检验检疫局)

4. 建设高端专业人才交流平台。以中国苏州人力资源服务产业园建设全国一流园区为目标，鼓励发展中高端人才寻访、人才测评等中高端人力资源服务新产品、新业态。发挥中国苏州人力资源服务产业园"一园多区"建园优势，加快推进"互联网＋人力资源服务"，为苏州服务贸易创新发展提供人才支撑。探索高端外籍人才在华工作居留管理制度创新，打造高端人才安心的工作环境。(牵头单位：市人社局；责任单位：市公安局、外办、苏州海关)

### (六) 优化服务贸易支持政策

1. 完善政策体系。开展跨部门协调，系统梳理苏州市服务贸易创新发展试点的7大重点行业的现行政策，针对性地制定新的产业、贸易、投资和金融政策，通过优化整合，形成定向精准的支撑和促进作用。制定地方政策，系统支持苏州市服务贸易创新发展试点工作。对企业出口版权、专利、文化、教育及软件等服务给予直接的资金支持。对苏州市服务贸易创新发展试验区、苏州市服务贸易创新发展服务平台、苏州市服务贸易创新发展重点企业给予奖励和支持。设立服务贸易创新发展引导基金，探索对服务贸易创新发展的促进引导。（牵头单位：市商务局；责任单位：市发改委、经信委、科技局、财政局、交通局、文广新局、旅游局、知识产权局、金融办）

2. 建设金融支持平台。重点建设完善"苏州综合金融服务平台""苏州地方企业征信系统""企业自主创新金融支持中心"三大基础平台，依托平台深化服务贸易企业融资创新产品和政策研究，为服务贸易企业融资提供便利服务。（牵头单位：市金融办；责任单位：市发改委、经信委、科技局、交通局、商务局、文广新局、旅游局、知识产权局）

3. 强化金融创新。定向设计有利于苏州市服务贸易创新发展试点的7大重点行业发展的金融改革措施。全面贯彻落实《苏州市金融支持企业自主创新行动计划（2015—2020）》。支持服务贸易企业以创新驱动发展。（牵头单位：市金融办；责任单位：市发改委、经信委、科技局、交通局、商务局、文广新局、旅游局、知识产权局）

**（七）健全服务贸易统计体系**

1. 创新服务贸易统计制度。建立起可全面对接国际标准并覆盖世界贸易组织服务贸易总协定四种供应模式的服务贸易统计体系。该体系包括基于国际外汇收支数据的统计、企业直报统计、自然人移动统计、外国附属机构服务贸易统计和中国附属机构服务贸易统计等5个统计系统。（牵头单位：市商务局；责任单位：市发改委、经信委、科技局、公安局、统计局、交通局、文广新局、旅游局、知识产权局、金融办、苏州海关、人民银行苏州市中心支行）

2. 发布苏州市服务贸易发展报告。建立和完善重点企业、重点行业、重点集聚区的数据直报工作，推进各部门之间的数据信息交流和共享。每年发布苏州市服务贸易发展报告。（牵头单位：市商务局；责任单位：市发改委、经信委、科技局、交通局、文广新局、旅游局、知识产权局、统计局、金融办、苏州海关）

**（八）创新事中事后监管举措**

1. 对服务贸易市场主体开展信用管理。依托"苏州地方企业征信系统"，以创新试点7大行业和经认定的技术先进型、高附加值型服务贸易企业为先导，逐步建立覆盖全部服务贸易企业的信用记录，在信贷、政策奖励支持等方面注重加强信用数据应用，不断完善对企业的信用管理。（牵头单位：市金融办；责任单位：市发改委、经信委、科技局、交通局、商务局、文广新局、旅游局、知识产权局）

2. 探索建立苏州市服务贸易事中事后监管体系。综合运用各种来源的数据，通过常态化的分析,实现对苏州市服务贸易的事中事后监管。可开发相应的计算机软件。(牵头单位:市商务局;责任单位:市发改委、交通局、科技局、知识产权局、文广新局、旅游局、金融办)

3. 将试点工作纳入地方政府考核评价体系。以促进服务贸易创新发展为导向,研究建立科学合理的服务贸易行业指标体系,定期开展考核评价。(牵头单位:市商务局;责任单位:市发改委、科技局、知识产权局、交通局、文广新局、旅游局、金融办)

## 三、重点发展领域及目标

大力发展与制造业、开放型经济、加工贸易转型升级紧密相关的生产性服务贸易以及具有苏州特色的文化、旅游服务贸易,力争苏州市服务贸易创新发展试点的7大重点行业均能取得突破性发展。

### (一) 运输

发展目标:发挥苏州沿江港口的核心作用,扩大"苏满欧"等国际班列的影响力,依托海关特殊监管区,拓展保税物流功能作用,鼓励建设物流公共服务平台,大力培育龙头型国际物流企业,建设区域性的国际采购、分拨和配送中心;鼓励企业国际化拓展、信息化提升、资本化运作,加快发展公铁、海陆、空陆等多式跨境联运。力争运输服务贸易实现年均10%以上的增长。(牵头单位:市交通局)

### (二) 金融

发展目标:积极推进区域金融中心建设,加快金融保险业总部的集聚,依托苏州工业园区和昆山深化两岸产业合作试验区的特殊政策优势,争取"一行三会"等金融创新政策在苏先行先试,力争金融服务贸易额逐年增长。(牵头单位:市金融办)

### (三) 服务外包

发展目标:加强苏州"中国服务外包示范城市"的示范辐射作用,依托苏州先进制造业优势,根据国家《服务外包产业重点发展领域指导目录》,制定苏州服务外包产业发展导向。强化发展已形成规模和集聚效应的工业设计、软件研发、信息技术服务、生物医药产业;重点培育处于成长发展期的供应链服务、信息运营等服务外包产业;加快"互联网+"与外包产业融合发展,促进产业向价值链高端延伸。力争服务外包接包合同额和离岸执行额年均增长8%左右。(牵头单位:市商务局)

### (四) 知识产权

发展目标：积极推进知识产权强市建设，提高知识产权创造和运用水平，加强知识产权保护和管理。积极推进国家知识产权服务业集聚区加快发展，推进江苏国际知识产权运营交易中心的建设运营，推动知识产权信息平台、知识产权服务超市的建设使用。支持重点知识产权服务机构开展知识产权服务贸易。力争知识产权服务贸易年均增长10%以上。（牵头单位：市知识产权局）

### (五) 国际维修和维护

发展目标：立足苏州制造业基础，以综保区为主要依托，积极争取不区分自产产品和非自产产品的覆盖面更广的全球维修，向上争取"进口汽车关键零部件旧件资源"等方面先行先试，为国际维修业务创造良好的政策服务环境，保持维修服务的持续快速发展，争取国际维修和维护服务贸易年均增长40%以上。（牵头单位：市商务局）

### (六) 文化

发展目标：认真贯彻国家促进文化产业发展以及文化服务贸易的有关政策措施，落实苏州市人民政府《关于进一步加快文化创意产业发展的若干政策意见》，以建设创新型城市为载体，充分发挥国家历史文化名城、"手工艺与民间艺术之都"等"金字招牌"作用，重点打造"全球创意之都"和"动漫（国际）版权交易中心"，促进苏州文化创意产业总体实力进一步提升；以苏州园林、昆曲等传统经典为载体，鼓励引导文化"走出去"；力争文化贸易年均增长25%以上。（牵头单位：市文广新局）

### (七) 旅游

发展目标：实施全域旅游战略，打造精品旅游创新产品和创意项目，做大做强旅游经济。大力发展休闲度假旅游、会奖旅游，建设启用旅游创新创业孵化平台和旅游商品孵化平台，进一步加大国际营销力度，鼓励企业"走出去"拓展市场，充分发挥会议、展览对旅游的促进作用，实现旅游服务贸易的持续较快增长。力争旅游服务贸易年均增长30%以上。（牵头单位：市旅游局）

## 四、保障机制和政策措施

### (一) 制订7大行动计划

针对苏州市服务贸易创新发展试点的7大重点行业，分别制订运输、金融、服务外包、知识产权、国际维修和维护、文化、旅游服务贸易发展的2年行动计划，进一步明确各部门,各市、区的试点工作任务和工作职责,明确推进各项工作的时间节点和工作要求,保证创新试点各项工作全面有序落实。

### (二) 加大财政支持力度

加大各级地方财政对服务贸易创新试点工作的支持力度,重点支持各类公共服务平台建设,支持企业"走出去"发展,支持重点服务进出口。设立服务贸易创新发展引导基金,扶持服务贸易企业发展壮大。

### (三) 落实试点配套政策

认真落实国务院试点配套的税收优惠及其他支持政策,全面开展政策宣传,鼓励企业积极申报技术先进型以及高附加值型服务贸易企业,协调行业部门及税务、财政部门把试点配套政策落实到位。

### (四) 开展金融创新服务

针对服务贸易企业特点,积极开展新型金融服务产品的研究,发挥好引导基金的杠杆作用。重点推进定向设计的、有利于苏州市服务贸易创新发展试点7大重点行业发展的金融改革。积极为中小服务贸易企业拓宽融资渠道,解决融资难问题。

### (五) 加强人才队伍建设

开展对行政管理队伍的培训,建设一支专业素质较强、管理水平较高的行业队伍。加强政府、高校与企业共同培育服务贸易人才的机制建设;建立跨境人才库,加大对重点行业领域发展急需的高端人才、领军人才的引进力度。

### (六) 发挥高端协调机制的重要作用

依托中新联合协调理事会、昆山深化两岸产业合作试验区部省际联席会议等高端协调机制,推进服务贸易相关改革措施的争取和实施。

# 关于印发苏州市服务贸易创新发展试点七大重点行业行动计划的通知

(苏服贸试点办〔2016〕02号)

各市、区人民政府,苏州工业园区、苏州高新区管委会;市各有关部门:

根据江苏省人民政府《省政府关于苏州市服务贸易创新发展试点实施方案的批复》(苏政复〔2016〕104号),运输、金融、服务外包、知识产权、国际维修和维护、文化、旅游等7个行业为苏州市服务贸易创新发展试点的7大重点行业。现将该7大重点行业的试点行动计划以及《苏州市各地区服务贸易创新发展试点重点推进行业领域》印发给你们,请按照行动计划的要求,认真做好组织落实工作。

附件:1.《苏州市运输服务贸易创新发展试点行动计划》
   2.《苏州市金融服务贸易创新发展试点行动计划》
   3.《苏州市服务外包创新发展试点行动计划》
   4.《苏州市知识产权服务贸易创新发展试点行动计划》
   5.《苏州市国际维修和维护贸易创新发展试点行动计划》
   6.《苏州市文化创意服务贸易创新发展试点行动计划》
   7.《苏州市旅游服务贸易创新发展试点行动计划》
   8.《苏州市各地区服务贸易创新发展试点重点推进行业领域》

苏州市服务贸易创新发展试点工作领导小组办公室<br>
2016年10月10日

附件1

# 苏州市运输服务贸易创新发展试点行动计划

## 一、发展需求

国际物流是开展国际服务贸易的必要条件，良好的国际物流能保证商品适时、适地、按质、按量低成本地实现国际间的流动，提高本地商品在国际市场的竞争力。国际服务贸易的发展促进物流国际化，并对国际物流提出新要求。苏州是先进制造业基地，全国物流园区发展规划中的一级物流园区布局城市，正处于外贸转型升级的关键期，国际物流服务业发展空间巨大。国家"一带一路"及长江经济带发展战略给我市国际物流业发展提供了机遇。

## 二、发展目标

立足苏州区位及产业发展优势，充分发挥苏州沿江港口对外开放及保税物流发展优势，进一步扩大铁路国际货运班列影响力，完善苏州国际口岸功能，改善物流大通道跨境设施条件，推进物流业集约化、智能化、标准化、国际化发展，建设区域性的国际采购、分拨和配送中心，形成集采购执行、仓储管理、运输服务、物流金融为一体的现代国际物流服务体系。

经过两年试点，苏州港集装箱吞吐量突破600万TEU，培育亿元以上重点龙头型国际物流企业20家，打造一批综合国际物流服务平台，力争国际物流服务贸易实现年均10%以上的增长。依托铁路西站建设江苏（苏州）国际铁路物流中心，加快沿江港口发展成为上海国际航运中心重要组成部分、江苏省现代化综合服务型港、集装箱干线港、江海联运中转枢纽港的步伐。

## 三、基本原则

市场主导、政府引导。充分发挥市场在资源配置中的决定性作用，更好地发挥政府的作用，进一步健全政策法规与标准规范，营造物流业发展的良好环境。

锐意创新、技术支撑。推广先进技术应用，大力推动"互联网＋"高效物流发展，鼓励基于互联网的物流服务模式、管理模式创新及新兴业态发展。

多业融合、协同联动。推动物流业与制造业、商贸业等联动发展，加强部门间、产业间、区域间协同联动，推进运输链、物流链、产业链"三链"深度融合。

## 四、牵头单位及试点地区

牵头单位：市交通运输局。

试点地区：太仓市、张家港市、常熟市、昆山市，姑苏区、工业园区、高新区。

## 五、行动内容

### （一）完善国际物流大通道

1. 加快铁路节点建设。充分发挥"苏满欧""苏满俄""苏新亚"等国际班列基础平台作用，进一步推进江苏（苏州）国际铁路物流中心暨水路（铁路）二类口岸项目建设，推进铁路西站周边区域基础设施建设，加快太仓港疏港铁路建设。支持铁路货运场站向综合物流基地转型升级，加强铁路与邮政快递、区域配送等的衔接协同，进一步提高铁路服务能力和水平。（责任单位：市交通运输局、铁路西站、市邮政管理局、苏州高新区、太仓港口管委会、姑苏区、太仓市政府）

2. 推进海运通道建设。推进南北物流大通道航道整治工程。以沿江港口为重点，大力拓展、整合港口资源，整治维护进港专用航道、锚地等港口公共设施，增强港口服务保障能力。扩大与上海港、沿江其他港口和国内沿海港口的合作。新辟港口沿海、近洋航线，提高东南亚航班覆盖密度。扩大太仓港至洋山港"五定班轮"服务能力，积极发展中日韩国际海陆联运，提升国际海运服务能力。（责任单位：市交通运输局、太仓港口管委会、张家港市、常熟市、太仓市、昆山市政府）

3. 推进虚拟口岸建设。依托物流园区、综合保税区，进一步发挥"虚拟空港""虚拟海港"的平台作用，密切与航空、港口、铁路等各方合作，实现与周边进出口岸的无缝对接，加快推进陆空联运、陆海联运，提升虚拟口岸服务功能。（责任单位：苏州海关、工业园区海关、苏州检验检疫局、苏州工业园区、苏州高新区管委会、姑苏区、昆山市政府）

### （二）创新物流发展模式

1. 加快物流聚集区建设。加大对物流枢纽（园区）、公共配送中心、冷链物流基地、快递分拨中心等物流基础设施建设。支持张家港玖隆钢铁物流园、张家港进口汽车物流园、常熟国际物流园、苏州物流中心、苏汽现代商贸物流产业园、中国邮政长三角电商产业园等省市重点物流园区和物流基地发展,引导物流企业集聚发展。(责任单位:市发改委,市经信委,市商务局,市交通运输局,市邮政管理局,各市、区政府)

2. 优化物流组织模式。推进多式联运及甩挂运输发展,积极发展滚装运输、江海直达运输和集装箱拼箱业务,探索开展日韩、中国台湾—中国太仓港—"苏满欧"铁公水联运业务,提高中转换装效率和一体化衔接水平,提高多式联运全程服务能力。鼓励物流企业创新合作模式,大力发展分享经济,加快资源优化整合。鼓励依托互联网平台的无车(船)承运人发展,支持江苏物润船联网络股份有限公司等单位申报部省无车(船)承运人试点。鼓励发展企业联盟,支持龙头骨干物流企业网络化布局,促进资源高效利用,引导物流市场集约发展。(责任单位:市交通运输局、市发改委、市经信委、市邮政管理局、铁路西站、太仓港口管委会、姑苏区、张家港市政府)

3. 创新物流服务模式。健全快递服务网络体系,积极申创"中国快递示范城市"。加强跨境电商与国际物流需求对接,实现优势互补、协调发展,建设苏州国际快件处理中心。加强城乡共同配送体系建设,创新"最后一公里"物流配送模式,支持企业发展共同配送、社区配送等新型配送方式。推动传统交通运输企业向现代物流企业转型,积极发展集采购执行、仓储管理、流通加工、分销执行、配送运输及物流金融为一体的供应链服务模式。促进邮政快递与交通物流服务资源整合,实现融合发展。(责任单位:市商务局,市发改委,市公安局,市交通运输局,市邮政管理局,各市、区政府)

### (三)推进智慧物流建设

1. 积极发展"互联网+物流"。鼓励物流企业利用"互联网+"发展一体化、全过程的供应链管理服务,促进线上、线下融合发展,提升仓储、运输、配送等智能化水平,培育智慧物流示范企业,推动物流活动向信息化、数据化发展。搭建开放共享的物流信息服务平台,开展物流全程监测、预警,提高物流行业安全、环保和诚信水平,推进物流信息可追溯。(责任单位:市交通运输局、市发改委、市经信委)

2. 推进物流标准化。推进物流设施标准化、物流作业标准化、物流信息标准化。推动城市配送车型标准化、清洁化、专业化发展。鼓励发展集装箱、厢式半挂车、托盘等标准化运载单元。充分利用互联网、物联网技术,大力推广使用包装、装卸搬运、运输作业、存储等标准,提高物流标准化水平。完善物流信息交换开放标准体系,探索供应链为产业链反馈的服务标准。(责任单位:市交通运输局、市经信委、市商务局)

3. 推进口岸通关便利化。借鉴上海自贸区经验,建设展示展销平台,开展跨境电商及进口商品展示展销,进一步完善保税物流体系。加强口岸单位协作和信息共享,推进口岸无纸化通关,实现口岸信息互换、监管互认、执法互动,提升关检一次申报、一次查验、一次放行比重，推广"单一窗口"模式，完善口岸服务功能，提高贸易便利化水平。（责任单位：苏州海关、工业园区海关、苏州检验检疫局、市商务局）

### （四）提升国际物流竞争力

1. 强化品牌建设。贯彻落实国家、省市促进物流业健康发展的各项政策，加快推进物流业转型升级。培育、引进一批国际物流服务贸易品牌，发展壮大一批第三方、第四方物流企业，增强苏州国际物流服务贸易整体竞争力。（责任单位：市经信委、市发改委、市商务局、市交通运输局）

2. 促进产业联动。引导实体经济企业物流需求社会化和制造业企业服务外包。推动物流集聚区与制造业集聚区、产业集群协调发展，形成产、购、销、运、储一体化产业生态圈。培育、壮大一批产业联动发展示范企业。（责任单位：市经信委、市发改委、市商务局、市交通运输局）

3. 推进开放发展。加大物流业重点企业、重点项目、重点平台的招商引资力度，推进物流企业对外合作，支持物流企业"走出去"，鼓励开展海外并购，建设"海外仓"等国际物流服务载体，提升物流业国际化水平。（责任单位：市商务局、市发改委、市经信委、市交通运输局）

## 六、优化环境

### （一）创新管理体制

进一步调整行政审批事项，精简审批手续，优化审批流程，提高审批效率，加强事中事后监管，营造物流业开放发展的良好环境。充分发挥行业协会作用，共同推进国际物流业发展。建立苏州市国际物流服务贸易创新发展联席会议制度，加强各相关部门信息共享和沟通协调，提高公共服务能力和行业监测能力。（责任单位：市交通运输局、市发改委、市经信委、市公安局、市商务局、苏州海关、苏州检验检疫局）

### （二）完善政策措施

研究制定国际物流服务贸易创新发展扶持政策，制定出台"苏满欧"等国际班列市级扶持资金及办法。完善涉企收费目录清单制度，降低物流企业成本负担。加强部门协作，通过服务业、交通运输、工业转型升级、商贸等专项引导资金，加大对国际物流重点企业、项目的支持。（责任单位：市财政局、市发改委、市经信委、市商务局、市交通运输局、苏州海关、苏州检验检疫局）

### （三）优化企业服务

建立物流重点企业库、重点项目库、重点平台库，加强联系，开展有针对性的重点服务。切实帮助企业解决在国际化发展过程中遇到的困难和问题。强化物流企业和从业人员诚信信息归集、共享、公开和使用，建立健全市场主体诚信档案、行业黑名单制度和市场退出机制。（责任单位：市交通运输局、市经信委、市发改委、市商务局）

附件 2

# 苏州市金融服务贸易创新发展试点行动计划

为贯彻落实《苏州市服务贸易创新发展试点实施方案》要求，推动金融机构创新服务，调动金融资源支持服务贸易创新发展，提升企业创新驱动发展水平，推进经济加快转型升级，特制订本行动计划。

## 一、工作思路

全面贯彻落实《国务院关于同意开展服务贸易创新发展试点的批复》精神，按照打造服务贸易制度创新高地的总体要求，以助推服贸企业转型升级、创新发展为目标，以"聚焦重点、鼓励创新、培育特色、注重协调"为原则，通过推改革、优服务、促投放、建平台、育新态加快实现规划目标，为苏州深入实施服贸政策试点，建设具有国际竞争力的先进制造业基地、具有全球影响力的产业科技创新高地、具有独特魅力的国际文化旅游胜地和具有较强综合实力的国际化大城市做出贡献。

## 二、工作目标

建立健全全市上下联动、部门协作、条块结合、合力推进的工作机制，六大金融重点行动取得进展与成效；服贸创新试点中金融领域配套政策有效实施，新政策争取取得一定突破；力争金融服务贸易额逐年增长，服贸企业融资效能明显增强，金融成为全市服务贸易创新发展的重要驱动力量。

## 三、牵头单位与试点地区

牵头单位：市金融办、人民银行苏州市中心支行。
试点地区：苏州大市各市（县）、区；重点地区为昆山市、工业园区、高新区。

## 四、行动内容

### （一）深化外汇管理改革，推进投融资汇兑便利化

1. 有效推动外汇管理创新试点提质扩面。发挥试点政策效应，主动对接服贸企业跨境投融资需求，进一步提升跨境人民币、跨国企业集团跨境人民币资金池及外汇资金集中运营、外债宏观审慎试点、外汇资本金意愿结汇等试点政策覆盖面与运用效率。抢抓新政机遇，承接园区跨境人民币政策扩面全市、跨境融资管理宏观审慎管理推广等新政策，汇集政、金、企三方资源，降低服贸企业融资成本，打造本地特色化产业竞争优势。（责任单位：人民银行苏州市中心支行、市金融办、市发改委、市财政局、市商务局）

2. 持续推进投融资汇兑便利化。促进对外融资便利化，利用全口径跨境融资宏观审慎管理等政策，鼓励苏州各类机构按规定从境外融入本外币资金。探索在苏企业在一定额度下资本项目可兑换，进一步提升外汇管理便利化水平。（责任单位：人民银行苏州市中心支行、市金融办、市发改委、市财政局、市商务局）

### （二）鼓励银行业机构创新产品服务，加大精准投放力度

1. 支持发展特色化服贸金融业务。鼓励银行业机构主动落地总部跨境金融服务，细分跨境业务类别，丰富产品线，鼓励开发结构性贸易融资产品，及跨境支付、外汇交易、境外理财、海外并购贷款、国际保理、跨境银团、跨境投贷联动、股权质押跨境授信、资产托管、出口退税抵押贷款等创新服务，精准满足服贸企业跨境业务需求。（责任单位：苏州银监分局、人民银行苏州市中心支行、市金融办、市商务局）

2. 争取创新业务资格。积极向银监会争取让苏州作为全国投贷联动业务试点地区，推动商业银行开展"投贷联动"业务，帮助服贸企业获得"债权＋股权"的创新融资方式。发挥非银持牌机构专业的财富和投资管理职能，以差异化服务满足实体经济不同层次需求、助推经济转型升级。（责任单位：苏州银监分局、人民银行苏州市中心支行、市金融办、市商务局）

### （三）深挖保险支持企业跨境业务潜力，提升创新服务水平

1. 提升跨境保险服务能力。增强保险公司增值服务能力，完善出口信用保险的事前控制和事后补偿机制，深度参与出口企业业务全过程的风险管理，降低企业损失，提升信用水平与融资能力。支持企业海外工厂、仓储、码头、售后服务及维修等设施建设，助力企业为海外买方提供研发服务，提升产业链附加值，抢占国际市场份额，提高产品竞争力。（责任单位：苏州保监分局、市金融办、市商务局）

2. 支持为企业提供"走出去"的一揽子保险计划。鼓励保险机构深入研究企业跨境业务阶段与特点，研发提供具有针对性的一揽子保险计划，合理链接企业在建设期、运营期、产出销售期对人、财、物及各个环节的风险管理与融资需求。积极推进知识产权保险，化解企业知识产权风险，提高企业国际竞争力。（责任单位：苏州保监分局、市金融办、市商务局、市知识产权局）

### （四）用好资本市场工具，增强企业跨越发展能力

1. 支持服贸企业利用资本市场做优做强。优化管理服务，做好培育储备，开发和完善后备企业数据库系统，构筑可持续的上市及"新三板"挂牌后备企业梯队。引导符合条件的服贸企业首发上市、挂牌"新三板"，推动企业完善法人治理结构、提升企业品牌价值、扩大直接融资渠道。鼓励经营持续稳定、信息披露规范、具备较好再发展条件的上市公司、挂牌企业创新融资方式，积极利用并购重组等资本市场工具做优做强。（责任单位：市金融办、市财政局、市商务局）

2. 鼓励服贸企业到境外发行债券融资。积极引导符合条件的服贸企业开拓境外融资渠道，在保证资金回流和使用合规性的前提下探索境内企业境外发债新模式，拓宽境外融资渠道，优化债务结构、吸收境外低成本资金服务企业发展。鼓励设有海外分支机构的金融机构、外资金融机构，为服贸企业境外发行债券提供项目可研、监管沟通、主体评级、债券投资、路演安排等一揽子综合金融服务产品。（责任单位：市发改委、人民银行苏州市中心支行、市金融办、市财政局、市商务局）

### （五）培育发展基金产业，发挥对服务贸易的支撑作用

1. 培育发展本地基金产业。依托苏州综合金融服务平台，设立投贷联动引导基金，与银行合作设立子基金，为有成长性但尚不完全符合贷款条件，尤其是轻资产的服贸企业提供"投贷联动"业务。探索设立服务贸易创新发展引导基金的可行性，在试点期间为苏州有出口与"走出去"潜力、符合产业导向的中小企业提供融资支持。拟订《关于促进我市基金业发展的实施意见》，营造良好发展环境，推动基金产业在苏集聚发展。做优做专私募股权投资基金集聚区，发挥本土龙头私募基金带动作用，支持建设基金产业特色金融小镇，引导多类型基金在苏集聚，引进海外基金管理机构，对接服贸企业多层次融资与财富管理需求。（责任单位：市金融办、市发改委、市财政局、市商务局、苏州银监分局）

2. 推动服贸企业进行跨境并购。发挥政府引导作用，营造利于并购重组的良好环境，激发企业并购重组需求。通过加强培训辅导、组织多层次路演对接、搭建信息平台等，为有并购或被并购需求的企业、投资机构等提供信息对接，拓宽并购双方交流渠道。鼓励有实力的服贸企业开展跨境并购，拓展海外市场，参与国际竞争。设立并购引

导基金，吸引社会资本参股合作子基金，推动上市服贸企业利用资本市场开展并购重组，通过规模集聚、延伸产业链条、介入新兴行业，增强企业综合实力。积极与国内外有一定知名度的并购基金开展合作，帮助服贸企业通过并购具备先进技术和研发能力的境外企业，延伸产业链条、实现技术升级。（责任单位：市金融办、市财政局、市商务局）

**（六）实施《苏州市金融支持企业自主创新行动计划》，多元满足融资需求**

1. 增强苏州综合金融服务平台服务效能。拓展苏州综合金融服务平台功能，提升企业征信系统服务水平，持续推动"自主创新金融支持中心"建设。推动合作金融机构从投、贷、租、保等各方面提供产品服务，精准服务服贸企业，培育地方品牌与龙头企业。（责任单位：市金融办、市财政局、市商务局、人民银行苏州市中心支行、苏州银监分局、苏州保监分局）

2. 不断加大银企对接力度。深挖服贸企业融资需求，搭建金融机构与企业合作共赢平台，充分运用苏州金融综合服务平台、企业征信系统等线上资源，结合线下对接会等形式，支持有条件的企业"走出去"开展跨境业务，不断提升企业国际市场竞争力。（责任单位：苏州银监分局、人民银行苏州市中心支行、市金融办、市商务局）

## 五、保障措施

### （一）组织保障

由市金融办、人民银行苏州市中心支行共同牵头实施金融业服务贸易创新发展试点行动计划，完善市级各部门沟通合作机制，市商务局、发展改革委、财政局、苏州银监分局、苏州保监分局、知识产权局等部门共同参与，加强对相关行业企业、金融机构等资源的组织协调；加强条块协作，完善市（县）、区工作机制，形成市政府统一领导，市级各部门分工明确、协同配合、组织有序，市（县）、区执行高效、反馈及时，各金融机构积极响应、沟通渠道畅通、监督管理无盲点、协调处置紧密衔接的工作格局。

### （二）政策保障

营造良好政策环境，按照国家金融改革指向，研究制定符合苏州市情的地方金融支持政策。充分发挥现有金融创新试点政策优势，加强与上级监管、主管部门的协调沟通，争取更多试点政策与牌照资源，助推金融机构和业务的高效增长，加大对服贸企业的精准投放力度。

### （三）资金保障

有效发挥财政资金引导作用与杠杆效应，加大财政支持力度，探索创建各类针对性强的产业引导基金和风险补偿资金，帮助服贸企业、中小微企业拓展海外市场、跨境业务，实现转型发展。

附件3

# 苏州市服务外包创新发展试点行动计划

## 一、工作思路

坚持"苏州制造、苏州创新、苏州服务"并举,把发展服务外包作为实现经济转型升级、创新发展的重要抓手,进一步推进服务外包企业开拓国际市场,加快产业集聚,增强国际竞争力,全面提升苏州服务外包产业发展能级,力争把苏州建设成为中国服务外包产业发展强市。

## 二、工作目标

到2018年,苏州市服务外包离岸执行额达到85亿美元,离岸执行规模位居全省第一;保持全国服务外包前五强城市位次。新增年离岸执行额2 000万美元以上的服务外包企业12家,取得各类国际认证数累计达到280个左右。服务外包产业载体总建筑面积累计超过1 300万平方米。服务外包从业人员数量累计达到35万人以上,新增培训实用人才10万人、新增吸收大学生就业8万人。深入打造苏州市服务外包品牌,扩大"中国服务·苏州创新"品牌的国际知名度。

## 三、牵头单位及试点地区

牵头单位:市商务局。
试点地区:全市各地区。

## 四、行动内容

(一)打造具有国际影响力的服务外包新集群

1. 加快生物医药研发产业集聚。构建从早期药物发现、研发、中试到生产等各环节的生物医药完整产业链;打造以信达、药明康德新药、诺华制药、中美冠科等企业为代表的创新药物产业集群;以贝克曼、浩欧博等企业为代表的新型高端医疗器械产业集群;以金唯智等企业为代表的生物技术产业集群;形成技术领先、特色鲜明并具有较大国际影响力的服务外包产业集群。(责任部门:市科技局、市经信委、市商务局、市食药监局、各地区)

2. 加快昆山花桥金融 BPO 产业提升。支持华拓数据、法国凯捷、柯莱特科技、巅峰软件、华道数据、万国数据、远洋数据等金融服务外包供应商加快发展,构建完整的金融服务外包产业链,提升外包执行能力和接包层次,形成"金融上海、后台花桥"产业格局,打造具有国际影响力的金融服务外包承接地。(责任部门:市商务局、市金融办、昆山市政府)

3. 加快检测服务业离岸业务发展。支持苏州电器科学研究院、中认英泰(苏州)检测、江苏省医疗器械检验所、欧陆分析技术服务、江苏中正检测等企业发展壮大,重点发展高低压电器检测、电气安全检测、太阳能光伏系统检测、汽车电子电器产品检测、医疗器械检验检测、能效检测、消费品有毒有害物质检测、食品检测、化妆品检测等门类,形成具有一定国际影响力的专业检测服务产业集群。(责任部门:市质监局、苏州检验检疫局、各地区)

### (二)扩大服务外包对制造业转型升级推动作用

1. 加快引进跨国公司研发中心,重点引进以生物医药、电器、汽车、新能源等离岸服务外包为主的研发中心,助推苏州制造业转型升级、增量提质。支持太仓市引进培育英格索兰亚太区研发中心、礼来制药欧米尼医药研发中心、韩国世钟汽配研发中心、德国通快电器研发中心等项目。支持常熟市以丰田汽车研发中心为基础,延伸发展汽车生产性服务业领域的离岸服务外包业务,包括新能源技术、汽车外观设计、汽车零部件设计等领域,争取在智能车研发领域走在行业前列。(责任部门:市科技局、市商务局、各地区)

2. 加强制造业应用软件开发,向客户提供全方位的技术解决方案、研发设计和咨询服务。主动融入智能制造,以 MES(制造业生产过程执行系统)为中心重点发展与智能制造、企业生产全过程有关的软件开发。为制造业企业实现信息化转型发展提供技术服务,为"苏州制造"向"苏州创造"转变提供智力和软件支撑,推动制造业向价值链上端不断攀升。(责任部门:市经信委、市科技局、市商务局、各地区)

### (三)提升服务外包对创新驱动发展促进作用

1. 依托苏州工业园区"国家知识产权试点园区"、高新区"国家知识产权服务业集聚发展试验区",加快发展知识产权服务业。引进一批国内外知识产权高端服务企业,形成完整的知识产权服务产业链,构建国家级知识产权高端服务平台,为企业科技创新发展提供强有力的支撑。(责任部门:市知识产权局、各地区)

2. 抢抓新技术发展机遇，鼓励服务外包企业创新发展。加快引进培育自主创新企业，在云计算、大数据和IT支撑等领域建立完善的产品体系，为客户提供完整的解决方案、专业的行业应用、及时的全方位服务，打造国内技术领先的服务外包企业。支持一批中小企业自主研发互联网移动技术，为网络游戏、文化创意产品和网络平台提供服务，积极参与移动互联网发展。（责任部门：市科技局、各地区）

3. 开展对服务外包独立研发机构的认定工作。认定一批市级服务外包独立研发机构，每年在市级服务外包扶持资金中给予支持。（责任部门：市科技局、市商务局、各地区）

### （四）拓展服务外包在新兴领域发展空间

1. 继续吸引跨国公司财务会计、人力资源、市场营销等流程业务的共享服务中心落户我市，使之成为服务外包领域的独优产业。支持举办"共享服务与外包苏州高峰论坛"，扩大苏州共享服务中心的知名度。加快发展共享服务中心，增强跨国公司的辐射效应，扩大服务外包规模。（责任部门：市商务局、工业园区管委会）

2. 突破传统产业模式，抢抓"互联网+文化产业"发展机遇。支持蓝海彤翔、蜗牛数字科技等企业加大传统文化产业与互联网的创新融合，形成外包产业发展新的增长极。（责任部门：市文广新局、各地区）

3. 聚焦新兴产业亮点，着力发展手游、电竞产业。支持太仓市以苏州游视网络公司为支撑，逐步形成电竞产业链集聚效应，推动电竞产业发展。支持昆山花桥打造手游产业集群，把昆山花桥建设成为中国顶尖的手游区域之一。（责任部门：市文广新局、太仓市、昆山市政府）

4. 支持企业发展虚拟现实（VR）以及增强现实技术（AR），抢占其终端设备以及周边产业市场。（责任部门：市科技局、各地区）

### （五）推进服务外包企业国际化发展

1. 支持服务外包企业参加国际展会、项目洽谈等活动，鼓励企业参加省商务厅组织的各类服务外包境外展。支持"走出去"企业发展服务外包业务，积极拓宽我市服务外包企业承接离岸业务的渠道，鼓励企业在海外设立分支机构、接包中心。（责任部门：市商务局、各地区）

2. 鼓励服务外包企业与外国公司、机构开展联合接包，不断提升苏州企业国际接包能力。鼓励本地区跨国总部提升管理流程、财务会计、人力资源等业务的发包能力。（责任部门：市商务局、各地区）

3. 鼓励企业通过离岸接包等手段巩固与欧美的业务，深化与中国香港、中国台湾、新加坡、日本、韩国等地区和国家合作，加强与印度、俄罗斯、墨西哥、巴西等新兴经济体合作。密切与丝绸之路经济带和21世纪海上丝绸之路沿线国家和地区的联系，构建国际服务外包多元化市场新格局。（责任部门：市商务局、各地区）

### （六）强化服务外包招商引资和载体发展

1. 扩大苏州服务外包产业的知名度和影响力，加大服务外包产业的招商引资力度。在各地区现有的招商平台基础上，组建专业的服务外包产业招商团队，紧盯世界500强企业和全球服务外包100强企业，着力吸引5家以上国际服务外包龙头型、规模型企业落户苏州。（责任部门：市商务局、各地区）

2. 加大对服务外包产业园区内公共服务平台建设的投入。精心规划建设一批各具特色的服务外包产业园区，提升园区产业的层次和承载能力，实现各地区服务外包产业园区全覆盖。（责任部门：市科技局、市商务局、各地区）在省级服务外包示范园区建设的基础上，扩展认定一批市级服务外包产业园区。（责任部门：市商务局、市科技局、各地区）

### （七）加速服务外包各类人才引进培育

1. 加大对服务外包创新型人才、领军型人才政策的吸引力度。重点引进生物医药研发人才、软件工程师、系统架构师、金融服务人才、物流与供应链管理人才等紧缺型行业人才。（责任部门：市人社局、市商务局、市科技局、各地区）

2. 以人才需求为导向，调整优化在苏高校及职业院校服务外包专业和人才结构。依照服务外包人才相关标准组织实施教学活动，进行课程体系设置改革试点。（责任部门：市教育局、市商务局、各地区）

3. 鼓励在苏高校及职业院校和企业积极开展互动式人才培养，共建实践教育基地。加强院校教师与企业资深工程师的双向交流。鼓励在苏高校及职业院校与国际知名外包企业联合培养服务外包人才。（责任部门：市教育局、市商务局、各地区）

4. 重新核准认定苏州市服务外包人才培训基地，对新增的基地在市级服务外包扶持资金中给予支持。（责任部门：市教育局、市商务局、各地区）

### （八）加强服务外包法治营商环境建设

依据现行法律法规，制定扶持和促进服务外包产业发展的政策措施，规范企业经营行为，促进产业健康发展。加大服务外包领域版权、专利、商标等知识产权的执法监管力度。推动建立服务外包企业信用记录和信用评价体系，惩戒失信，打击欺诈。健全与知识产权相关的配套政策，鼓励服务外包企业自主创新，积极申请国内外专利、商标。（责任部门：市知识产权局、各地区）

### (九) 加大服务外包金融领域扶持力度

1. 加大对服务外包企业开拓国际市场、开展境外并购等业务的支持力度,加强服务外包重点项目建设。(责任部门:市商务局、人民银行苏州市中心支行、各地区)

2. 拓宽服务外包企业投融资渠道。引导融资担保机构加强对服务外包中小企业的融资担保服务。支持符合条件的服务外包企业进入中小企业板、创业板、中小企业股份转让系统和区域性股权市场进行融资。(责任部门:市金融办、市发改委、市商务局、人民银行苏州市中心支行、各地区)

## 五、保障措施

### (一) 强化服务外包政策支撑体系

1. 进一步加大对服务外包产业的扶持范围和支持力度,推动各地区建立完善本区域的服务外包专项资金。(责任部门:各市、区商务和财政部门,各地区)

2. 积极争取国家科技计划(专项、基金等)支持。助力企业开展集成设计、综合解决方案及相关技术项目等研发,推动服务外包企业提升研发创新水平。(责任部门:市科技局、各地区)

3. 鼓励金融机构将非核心业务外包,积极推进金融服务外包业务发展。(责任部门:人民银行苏州市中心支行、市商务局、各地区)

4. 贯彻落实《苏州市政府向社会购买服务实施细则》。推动政府部门将可外包业务委托给专业服务企业,不断拓宽购买服务领域。(责任部门:市财政局、各地区)

5. 落实技术先进型服务企业各项税收优惠政策。积极落实对技术先进型服务企业减按15%税率缴纳企业所得税和职工教育经费不超过工资薪金总额8%部分税前扣除的税收优惠政策。对于企业符合条件的研发费用,可以在计算应纳税所得额时加以扣除。积极落实离岸服务外包退(免)税政策。(责任部门:市国税局、市地税局、各地区)

### (二) 提升服务外包便利化水平

1. 积极推动检验检疫部门对承接国际服务外包业务所需样机、样本、试剂等简化审批程序。实施企业分类管理、产品分级监管,提供通关便利。(责任部门:苏州检验检疫局、市商务局、苏州海关、各地区)

2. 加强药品进口口岸检验能力建设,及时高效做好药品进口检验、备案和通关工作。充分发挥药品进口口岸功能技术平台优势,推动全市生物医药研发产业快速健康发展。(责任部门:市食药监局、市商务局、苏州海关、各地区)

3. 加快落实外汇管理便利化措施。积极支持我市具备条件的服务外包企业申请参与服务外包境外投资外汇管理改革试点。鼓励在跨境贸易和投资中使用人民币结算。（责任部门：人民银行苏州市中心支行、市商务局、各地区）

4. 为从事国际服务外包业务的外籍中高端管理和技术人员提供出入境和居留便利。（责任部门：市公安局、市外办、市人社局、市商务局、苏州检验检疫局、各地区）

5. 提高国际通信服务水平，支持基础电信运营商为服务外包企业网络接入和国际线路租赁提供便利。（责任部门：市经信委、各地区）

### （三）完善服务外包评估统计体系

1. 开展全市各级服务外包示范园区、服务外包产业园区的评估、考核。逐步建立一套完整的认定、考核、评估体系，形成服务外包园区动态考评机制，激励服务外包园区不断创新发展，起到引领示范作用。（责任部门：市商务局、各地区）

2. 完善服务外包信息数据采集工作，进一步调动企业主动反映经营状况的积极性。加强服务外包统计信息系统建设，拓宽填报服务外包统计数据的企业面，力争做到应统尽统。建立有关部门服务外包统计信息共享机制，及时向各地区、相关部门发布服务外包统计数据信息。（责任部门：市商务局、市统计局、各地区）

附件 4

# 苏州市知识产权服务贸易创新发展试点行动计划

根据《苏州市服务贸易创新发展试点实施方案》的总体要求，为推动苏州市知识产权服务贸易快速发展，特制订本行动计划。

## 一、工作思路

围绕知识产权强市建设，进一步加强知识产权创造、运用、保护、管理和服务，以充分实现知识产权价值为目标，鼓励知识产权"走出去、引进来"，加快推进专利、商标、版权等知识产权的许可转让、代理、法律、信息、运营等服务贸易的发展，促进苏州创新驱动发展和经济转型升级。

## 二、工作目标

经过 2 年的创新试点，探索制定一个比较完整的促进知识产权服务贸易发展的政策体系，建立一个有利于促进知识产权服务贸易发展的工作机制，形成一个知识产权服务贸易统计考评体系；初步建成一个统一高效的知识产权运营交易平台；培育一批活跃的知识产权服务贸易主体；知识产权拥有量保持全国大中城市前列；知识产权服务贸易快速发展，服务贸易额年增长 15% 以上。

## 三、牵头单位及试点地区

牵头单位：市知识产权局。
试点地区：昆山市、工业园区、高新区、姑苏区。

## 四、行动内容

### （一）探索知识产权服务贸易管理体制创新

1. 健全知识产权服务贸易管理体制。加快建设职责清晰、运行高效的管理体系，加强高新技术开发区、经济技术开发区、科技园区、文化产业园区、品牌培育基地等知识产权工作体系的建设。强化市政府知识产权联席会议功能，加强知识产权工作的部门联动机制。加强对政府资金资助的重大经济科技文化项目、创新创业人才引进项目、涉及国家利益的企业并购、技术出口活动以及重大展会等活动的知识产权审查评估，规避知识产权风险。（责任单位：市知识产权局、市政府知识产权联席会议各成员单位、各试点地区）

2. 完善知识产权服务贸易政策体系。优化整合、统筹配置政策资金，逐步形成以财政投入为引导、企业投入为主体、知识产权投融资为补充的多元化投入体系。围绕知识产权服务贸易环节，制定完善知识产权服务贸易发展政策，加大对企业海外知识产权布局、知识产权许可交易的扶持力度，加大 PCT 申请和商标国际注册的支持力度，推动国外优秀知识产权来苏转化运用，鼓励知识产权向外许可交易，加大对本地知识产权服务机构做大、做强、做优、开展知识产权运营和国际业务的支持力度。（责任单位：市知识产权局、苏州工商局、市财政局、市商务局、市科技局、市文广新局、市经信委、市发改委、各试点地区）

3. 强化知识产权服务贸易工作机制。建立知识产权服务贸易绩效评估指标体系，将试点工作纳入地方政府考核评价体系。统一知识产权服务贸易统计口径，建立知识产权服务贸易统计制度，将知识产权许可交易、知识产权跨境服务纳入日常经济统计之中。探索建立促进知识产权服务贸易发展计划项目，建立知识产权服务贸易报送备案机制。建立市、区（县）两级，涵盖所有试点行业的重点企业库和知识产权服务机构库，制定联系制度，开展跟踪服务，实施动态管理。引入专家指导服务机制，建立行业发展专家库，对行业、企业发展进行针对性指导服务。（责任单位：市商务局、市知识产权局、市统计局、市科技局、市文广新局、苏州工商局、市经信委、市发改委、各试点地区）

### （二）培育壮大知识产权服务贸易市场主体

1. 提升市场主体知识产权服务贸易能力。引导市场主体重视知识产权工作，全面提高高新技术企业、规模以上工业企业知识产权创造和运用能力。引导加大知识产权创造投入，鼓励企业探索知识产权投入的多元化途径。鼓励企业利用知识产权信息指导研发工作，开展专利布局。鼓励企业与高等院校、科研院所等合作，开展联合研发工作，攻关核心技术。建立以质量价值为导向的知识产权创造绩效考核指标体系，形成一批高价值知识产权。在全市范围内开展百强知识产权密集型企业培育工程，培养一批具有较强的知识产权战略意识，在全国乃至全球产业领域综合实力强的知识产权密集型企业。（责任单位：市知识产权局、苏州工商局、市科技局、市文广新局、市经信委、市发改委、各试点地区）

2. 培育知识产权服务贸易品牌机构。引导知识产权服务机构增强品牌意识，着力创建、开发和运营品牌，形成一批国内外有影响力的服务品牌。支持知识产权服务机构采用联合经营、市场融资等方式发展壮大，培育一批营业收入超亿元的知识产权服务企业，促进知识产权服务业规模化发展。鼓励知识产权服务机构与企业开展协同创新，提供针对性服务。鼓励和引导服务机构开展战略策划、大数据加工、增值运营、托管、融资、保险等高端业务。（责任单位：市知识产权局、苏州工商局、市发改委、市科技局、市文广新局、各试点地区）

3. 推动知识产权服务贸易平台的建设运营。努力推进江苏国际知识产权运营交易中心的建设运营，大力开展知识产权运营交易服务，优化知识产权许可、转让、评估、出资入股、质押登记等业务规则与程序，打造成为在国内外有影响力的专业化知识产权综合运营交易平台。加快推动集专利、商标、版权、标准、科技文献等于一体的"五库一平台"知识产权基础信息公共服务平台的完善和使用，为企业和知识产权服务机构提供专业化知识产权信息服务。打造网上"知识产权服务超市"，探索知识产权服务电子商务模式，为企业和服务机构架起便捷畅通的服务桥梁。同时，鼓励社会资本投入知识产权运营，促进知识产权服务贸易发展。（责任单位：市知识产权局、苏州工商局、市财政局、市发改委、市科技局、市文广新局、各试点地区）

### （三）探索扩大知识产权服务贸易双向开放

1. 加快知识产权服务贸易的开放引进。按照《鼓励进口技术和产品目录（2016年版）》，支持市场主体引进国外优秀知识产权来苏转化运用，提升国际市场竞争力。大力引进国外优秀知识产权服务机构来苏设立机构，积极争取在投资者资质要求、股比限制、经营范围等方面有所突破，支持和鼓励国外高水平知识产权服务机构将总部转移至苏州。支持服务机构开展知识产权国际许可交易的专业服务，促进知识产权的转移转化。（责任单位：市商务局、市知识产权局、苏州工商局、市科技局、市文广新局、各试点地区）

2. 推动知识产权服务贸易"走出去"战略。鼓励技术及技术服务出口，支持企业通过贸易、投资或经济技术合作方式向境外实施的专利权转让、专利实施许可、专有技术转让或许可等技术转移，以及技术转让或许可合同项下提供的技术服务。按照《文化产品和服务出口指导目录》等加大对企业以版权、商标等知识产权为标的的出口，鼓励企业参加国际展会，提升知识产权运用水平，更好地实现知识产权价值。加大支持力度，鼓励苏州知识产权服务机构走出去，与国外优秀知识产权服务机构进行多种形式的合作。（责任单位：市商务局、市知识产权局、苏州工商局、市科技局、市文广新局、各试点地区）

3. 扩大知识产权服务贸易双向合作。有针对性地强化与美国、英国、欧盟、新加坡和中国台湾等地的合作，探索建立知识产权特派员制度，帮助苏州"走出去"企业更好地了解所在国或地区的知识产权制度。鼓励有条件的知识产权服务机构与境外知识产权机构建立高层次合作联盟，提高国际业务能力。鼓励知识产权服务机构开发服务新产品，发展服务新业态，开拓国际市场。（责任单位：市商务局、市知识产权局、苏州工商局、市科技局、市文广新局、各试点地区）

### （四）提升知识产权服务贸易保障水平

1. 强化知识产权服务贸易确权工作。加强服务贸易市场主体知识产权意识和能力提升工作，为服务贸易领域创新发展提供有力支撑。加大对市场主体知识产权确权工作的支持力度，鼓励企业实施"走出去"战略，对企业通过PCT途径申请国际专利，并对获得美国、欧盟成员国、英国、日本、韩国等发达国家授权的专利给予每件最高2万元奖励，加大国际商标注册支持力度，实现PCT国际专利申请量和国际商标注册量年增长15%以上，60%以上的出口产品在境外具有知识产权布局。（责任单位：市知识产权局、苏州商务局、市工商局、市发改委、市科技局、市文广新局、各试点地区）

2. 强化知识产权服务贸易维权工作。完善知识产权市场治理机制，探索研究互联网、电子商务、智能移动终端第三方应用程序（App）等新兴领域的知识产权保护机制，不断创新监管模式，构建公平竞争、公平监管的创新创业和营商环境。建立知识产权海外预警平台，帮助做好企业海外维权工作，及时发布海外知识产权预警信息，为企业实施"走出去"战略护航。建立国际知识产权纠纷快速反应机制和国际纠纷专家指导制度，支持企业、产业积极应对知识产权国际纠纷。加强维权援助机构建设，完善知识产权维权援助分中心的激励考核机制，在有条件的区域探索建立知识产权快速维权中心。（责任单位：市知识产权局、苏州工商局、市商务局、市科技局、市文广新局、各试点地区）

3. 强化知识产权服务贸易人才支撑。建立知识产权人才培养和引进机制，加大高层次人才引进力度，支持企事业单位创新知识产权人才引进方式，完善薪酬制度。建立知识产权优秀人才数据库，实施动态管理。建立知识产权人才交流机制，推动人才优化配置。制订高层次人才创新创业奖励计划，鼓励从事服务贸易创新创业活动。建立知识产权人才成长计划，选派优秀知识产权专业人员到世界知名大学、科研机构、跨国公司进行交流。（责任单位：市人才办、市知识产权局、市人社局、苏州工商局、各试点地区）

4. 强化知识产权服务贸易金融支持。依托"苏州综合金融服务平台""苏州地方企业征信系统""企业自主创新金融支持中心"三大基础平台，完善知识产权质押贷款扶持政策，畅通企业的融资渠道，降低融资成本。建立重点产业知识产权运营母基金，用于引导社会资本设立专业化的知识产权运营基金，并设立市场化的重点产业知识产权运营子基金，重点投资医疗器械、纳米技术、生物医药、智能制造等战略性发展产业中拥有核心专利和高价值专利组合、市场前景良好、高成长性的初创期或成长期企业以及具有相应产业领域特色的知识产权运营机构。（责任单位：市金融办、市财政局、市知识产权局、苏州工商局、市商务局、市发改委、市科技局、市文广新局、各试点地区）

附件 5

# 苏州市国际维修和维护贸易创新发展试点行动计划

## 一、工作思路

国际维修和维护业务作为保持产业链完整及向产业链高端延伸的重要环节，将使产业链由原来的加工制造环节延伸至后期检测维修服务，形成以生产订单带动维修订单、以维修订单促进生产订单的良性循环，可以有效拓展企业市场空间，提升产品市场占有率。开展国际维修和维护业务能够促进企业从加工贸易转型到技术含量更高、附加值更丰厚的服务贸易。大力发展国际维修和维护业务，将有效引导跨国公司在我市产业布局的优化完善，拉长产业链，显著增强我市加工贸易企业在国际市场竞争中的主动权。为积极争取国际维修和维护业务在我市先行先试，探索国际维修和维护业务的发展路径，促进加工贸易转型升级，推动外贸平稳发展，催生使用外资新的增长点，特制订本行动计划。

## 二、工作目标

立足苏州制造业基础，以"高技术含量、高附加值、无污染"为基本准则，在严格执行国家进出口政策和有效控制环境风险的前提下，积极争取不区分自产产品和非自产产品的覆盖面更宽泛的国际维修和维护业务在我市先行先试，吸引更多跨国公司全球维修中心落户我市。积极实施国际维修维护"走出去"战略，推动苏州本土自主品牌企业在境外设立维修中心或授权第三方开展维修服务。至 2018 年年底，力争国际维修和维护服务出口额年均翻一番，创新建成"国家高新技术产品入境维修检验监管示范区"，将苏州打造成国内外领先的国际维修和维护服务先进城市。

## 三、牵头单位及试点地区

牵头单位：市商务局。

试点地区：常熟市、太仓市、昆山市、吴江区、工业园区、高新区。

## 四、行动内容

### （一）加强对国际维修和维护业务的有效监管

1. 加强对维修货物的海关监管。学习借鉴上海自贸区全球维修业务海关监管的成功经验，在保证维修货物"原进原出"的基础上，做好从境外入区、经维修后出境的维修货物保税监管工作。同时，在有效监管的前提下，政策设计要适应企业转型升级需求、创新海关监管模式、有效配置海关监管资源，积极探索海关特殊监管区域外全球维修业务监管模式的创新，进一步扩大区外试点企业的数量和规模。（责任单位：苏州海关、工业园区海关、市商务局、市环保局、苏州检验检疫局、各试点地区）

2. 创新维修业务检验监管模式。加强全球维修业务检验监管的风险分析，建立产品风险评估、企业能力评估、境外预检、到货检验、后续监管等全过程风险管理机制，真正做到对全球维修产品采取"全数核查、全过程监控、全数复出口"的"三全"监管方式。积极探索建立维修企业差别化管理新模式，对通过能力评估的维修企业，在对维修产品风险评估的基础上，结合维修企业的信用情况，可对维修产品免于实施装运前检验。（责任单位：苏州检验检疫局、市商务局、苏州海关、工业园区海关、各试点地区）

3. 有效实施维修业务环境风险全过程防控。环保部门负责开展对国际维修和维护业务的环评、环保审批工作，加强环境风险的事中事后监管。企业维修产品替换下来的旧件、坏件原则上应全部退运出境，环保部门应监督企业严格执行《固体废物进口管理办法》等相关规定，切实防控环境风险。（责任单位：市环保局、市商务局、苏州检验检疫局、苏州海关、工业园区海关、各试点地区）

### （二）积极争取实现全球维修业务全覆盖

1. 加快实现业务类别全覆盖。当前，保税维修试点仅限于企业、集团内自产产品的检测维修业务。要针对非中国制造境外产品维修业务的准入问题，探索有效的解决方案，并视情况积极争取扩大试点企业规模和行业类别。各相关部门应加强协调，针对企业在试点过程中反馈的问题，共同商榷解决办法。（责任单位：市商务局、市环保局、苏州检验检疫局、苏州海关、工业园区海关、各试点地区）

2. 积极争取全面放开全球维修业务。以稳步推进试点、有效控制风险为前提，各相关部门积极向上争取，率先推动海关特殊监管区内全球维修业务按行业、企业有计划地放开，最终实现全部放开。对海关特殊监管区域外的维修业务，可选择资信良好、经营管理规范的企业先行开展试点，待条件成熟后再逐步扩大试点范围。（责任单位：市

口岸办、市商务局、市环保局、苏州检验检疫局、苏州海关、工业园区海关、各试点地区）

3. 探索监管模式改革创新。通过内外贸一体化改革，提高通关便利化水平。各相关部门要明确职责，积极探索国际维修维护监管模式的创新，引导企业按照"四专一严"要求（即专门的维修车间、专门的存储仓库、专门的核销台账、专门的维修队伍和严格的管理制度），规范运作，强化监管、简化手续、优化服务。在实施过程中总结经验，逐步形成我市行之有效的监管创新模式。加强对试点政策落实情况的跟踪，及时分析问题、解决问题，支持企业提升国际维修检测能力，保证国际维修维护试点政策在我市有效落实。（责任单位：市口岸办、市商务局、市环保局、苏州检验检疫局、苏州海关、工业园区海关、各试点地区）

### （三）打造国际维修和维护的产业优势

1. 推进优势产业向维修等价值链高端跃升。依托我市先进制造业基地优势，借助加工贸易结构优化调整契机，进一步发挥电子信息、光电产业、机械和装备制造、交通运输设备及零部件、医药和医疗器械等优势产业的集聚能力，进一步将以加工制造为主，向维修等产业链高端拉伸。（责任单位：市商务局、市环保局、苏州检验检疫局、苏州海关、工业园区海关、各试点地区）

2. 力求在重点产品维修上加以突破。重点开展笔记本电脑、平板电脑、网络基站、智能手机、高端商用路由器、无线基站、半导体芯片、集成线路板等电子产品，以及汽车零部件、航空零部件、光伏制造设备、SMT电子行业成套设备、晶圆封装测试设备、高端装备等产品的国际维修和维护业务。（责任单位：市商务局、市环保局、苏州检验检疫局、苏州海关、工业园区海关、各试点地区）

3. 加强国际合作和交流。进一步挖掘国际维修和维护产业链延伸潜力，推动国内制造维修主体和国外高端维修公司多元合作，支持本土品牌企业在充分了解境外第三方维修服务市场后，选择规模大、信用度高、专业能力强、服务规范的第三方维修服务公司进行合作。加快推进国际维修维护"走出去"，鼓励自主品牌企业在境外设立售后服务或维修网点。（责任单位：市商务局、市外管局、各试点地区）

### （四）打造国际维修和维护服务先进城市

1. 支持试点企业创新发展。积极吸引跨国公司、科研机构等在我市设立国际维修和维护中心，支持有条件的外资企业就地设立检测维修维护中心。重点支持昆山研华科技、高新区克诺尔车辆、工业园区飞利浦医疗、常熟达富电脑等获准试点企业不断创新，探索可复制、可推广的试点经验。加强对名硕电脑、中怡科技、世硕电子等20余家企业的辅导，积极争取符合条件的后备企业尽早开展试点。通过重点企业示范带动和后备企业辅导，吸引更多的本市企业开展国际维修和维护业务。（责任单位：市商务局、市环保局、苏州检验检疫局、苏州海关、工业园区海关、各试点地区）

2. 加快建设一批合规企业。倡导企业自律，促进产业规范，鼓励企业积极参与维修标准、行业标准的制定，完善质量服务体系和质量监管体系。强化企业质量主体责任，推进质量认证、产品鉴定、检验检测等体系建设，确保各类维修业务向"高技术含量、高附加值、无环境污染"的方向发展，推进国际维修和维护服务向中高端跃升。（责任单位：市质监局、市商务局、市环保局、苏州检验检疫局、苏州海关、工业园区海关、各试点地区）

3. 加强维修人才队伍建设。引导本地制造工厂与跨国公司建立检测维修技术战略联盟，开展国际维修和维护技术合作。加快引进各类国内外专业检测维修人才，加强各类高技能检测维修人才的培养、培训，为我市国际维修和维护业务加快发展做好人才储备。（责任单位：市人社局、市商务局、各试点地区）

4. 积极推动国家示范区建设。由苏州出入境检验检疫局牵头，积极创建"国家高新技术产品入境维修检验监管示范区"，提升苏州国际维修和维护服务城市的知名度。（责任单位：苏州检验检疫局、市商务局、市环保局、苏州海关、工业园区海关、各试点地区）

**（五）积极发挥各类创新平台先发优势**

1. 抢抓先行先试机遇。依托我市服务贸易创新发展试点、加工贸易转型升级试点、工业园区开展开放创新综合试验、昆山深化两岸产业合作试验等国家级创新发展平台，集成各类先行先试政策优势，尤其是在服务贸易创新发展试点和加工贸易转型升级试点中突出国际维修和维护业务的政策争取，力求在国际维修和维护业务创新发展模式上获得重大突破，为国际维修和维护业务加快发展营造良好的政策支持。（责任单位：市商务局、市环保局、苏州检验检疫局、苏州海关、工业园区海关、各试点地区）

2. 支持企业做大做强。各级政府和相关部门加强政策研究，鼓励技术、资本、人力等生产要素参与多元化检测维修平台建设，积极培育和支持从事国际维修和维护业务企业做大做强，全力打造高端全球检测维修平台。（责任单位：市商务局、市环保局、苏州检验检疫局、苏州海关、工业园区海关、各试点地区）

3. 建立服务与监管协调统一机制。以促进国际维修和维护业务加快发展为导向，在有效监管的前提下，各级监管部门进一步简化审批、优化监管、强化服务，加快形成与促进国际维修和维护业务相适应的服务和监管体系，保障国际维修和维护健康、有序、可持续地发展。（责任单位：口岸办、市商务局、市环保局、苏州检验检疫局、苏州海关、工业园区海关、各试点地区）

## 五、保障措施

### （一）加强组织推进

各相关部门加强合作，建立联动推进工作机制，服务好企业的创新发展。在服务贸易创新发展试点领导小组的统一协调下，加大对相关领域重点难点问题的协调，积极争取国际维修和维护业务在我市先行先试。充分发挥国际维修和维护试点企业主体作用，按照"稳步推进、风险可控、操作便利"的工作思路，分步骤、分层级有序推进国际维修和维护业务试点，确保各项推进工作和创新任务落到实处。（责任单位：市口岸办、市商务局、市环保局、苏州检验检疫局、苏州海关、工业园区海关、各试点地区）

### （二）注重宣传引导

在积极稳妥做好国际维修和维护业务推进工作的同时，通过报纸、网络、电台等媒体加大对我市开展国际维修和维护业务政策争取、推进成效的宣传工作，吸引更多具备条件的外商投资企业、内资企业从事国际维修和维护业务。积极打造一批高技术含量、高附加值、无污染的国际维修和维护示范企业和示范区，充分发挥示范企业的引领作用，保持我市高端制造企业国际维修和维护服务快速健康发展。（责任单位：市商务局、市环保局、苏州检验检疫局、苏州海关、工业园区海关、各试点地区）

### （三）健全监管平台

相关部门各司其职，加快建立国际维修和维护业务事前备案、事中事后监管的联网信息平台，做到信息共享、齐抓共治、联合监管、优化服务，形成规范高效的国际维修维护服务监管合作机制，为国际维修和维护服务贸易发展创造良好环境。加大跨国公司总部和苏州本土制造企业之间国际维修和维护业务的多元合作，全力打造国际维修维护、检验测试等公共技术服务平台。（责任单位：市口岸办、市商务局、市环保局、苏州检验检疫局、苏州海关、工业园区海关、各试点地区）

### （四）构建诚信机制

建立企业信用动态评价、守信褒奖和失信惩戒机制，推行国际维修维护服务企业经营异常名录、失信企业"黑名单"制度，引导企业履行社会责任，广泛应用信用审查，提升企业信用管理能力。对严重失信企业，应将其列为重点监管对象，依法依规采取行政性约束和惩戒措施，为我市国际维修维护试点有序开展，营造良好的诚实守信的社会环境。（责任单位：市经信委、市商务局、市环保局、苏州检验检疫局、苏州海关、工业园区海关、各试点地区）

附件6

# 苏州市文化创意服务贸易创新发展试点行动计划

## 一、工作思路

弘扬"崇文、融和、创新、致远"的苏州城市精神，抓住深化对外开放、转变经济发展方式的历史机遇，立足苏州实际、以开放促改革、促发展、促创新，坚持统筹发展、政策引导、企业主体、市场运作，在文化创意产业服务贸易管理体制和管理机制、政策体系和监管模式方面先行先试。

## 二、工作目标

以建设创新型城市为载体，以加快文化创意产业发展为契机，发挥苏州集吴地文化、江南水乡特色、产业高度融合、园区（基地）多元的产业特色，对接国际服务贸易投资规则，推动全市文化服务贸易增长加快、结构优化。到2017年年底，对外文化贸易额占全市对外贸易总额比重显著提升。

### （一）发展规模稳步扩大

力争2016年、2017年全市文化服务贸易总额年均增长20%以上。

### （二）集聚水平明显提升

依托苏州50多家文创产业园区（基地）和100多家重点文创企业，按照苏州文化创意产业现有基础和条件，大力发展创意设计、文化旅游、工艺美术、数字内容与新媒体、影视演艺娱乐、文化会展广告等六大产业，发挥商会、协会、社团的作用，打造跨界融合产业联盟，壮大一批兼具文化贸易载体功能的服务平台和骨干企业。

### （三）特色平台广泛覆盖

推进文化部、苏州市政府合作共建布达佩斯中国文化中心建设，打造苏州对外文化交流的新平台和新基地。推进动漫（国际）版权交易中心建设，加快创客空间建设，发挥好"中国苏州文化创意设计产业交易博览会"平台功能作用。重点建设姑苏69阁文化创意产业园、江南文化创意设计产业园、镇湖苏绣文化产业集群、吴江宋锦文化产业园等载体，培育传统文化创意产业创新发展平台。依托苏州科技城文化科技产业园、工业园区国家动漫产业基地、苏州相城阳澄湖数字文化创意产业园等载体，把开发区建设成为新兴文创产业发展的新载体。

## 三、牵头单位及试点地区

牵头单位：市文化广电新闻出版局。

试点地区：常熟市、昆山市、姑苏区、工业园区、高新区、吴中区、相城区。

## 四、行动内容

### （一）探索服务贸易管理体制创新

1. 优化管理制度体系。深入研究国际服务贸易通行规则，减少对文化进出口的行政审批事项，简化手续，缩短时限。开辟绿色通道，推进一站式审批、查验工作。探索建立文化服务业的外商投资准入负面清单制度。积极向上争取取消或降低文化产业投资者资质要求、股比限制、经营范围限制。（责任单位：市商务局、苏州海关、工业园区海关、市外管局、市文广新局、各试点地区）

2. 强化服务保障体系。以《文化产品和服务出口指导目录》为依据，建立市、区（县）两级文化贸易重点企业库，其中市级不少于10家，区（县）级不少于5家。制定双向联系制度，引入专家机制并对文化企业开展跟踪指导。（责任单位：市文广新局、市商务局、市统计局、市外管局、各试点地区）

### （二）探索扩大文化服务业双向开放

1. 大力引进功能性总部企业或分支机构。力争引进2~3家具有国际营销渠道、品牌影响力和产业竞争力的境内外知名文化企业、研发中心、设计机构和总部基地等入驻我市，符合条件的参照享受苏州市总部经济政策。（责任单位：市商务局、市发改委、市文广新局、各试点地区）

2. 鼓励企业"走出去"开展对外投资合作。加大政策扶持引导力度，鼓励文化企业通过新设、收购、合作等方式在境外投资文化企业、演出剧场和文化项目实体，努力在境外设立文化服务公司、文化经营机构等。（责任单位：市文广新局、市商务局、市金融办、市外管局、各试点地区）

3. 强化与港澳台地区、新加坡的文化服务合作。抓住《内地与香港CEPA服务贸易协议》《内地与澳门CEPA服务贸易协议》签署契机，加强政策宣传，加大与港澳地区的文化服务业双向投资合作和力度。依托昆山深化两岸产业合作试验区、中国—新加坡现代服务业合作试验区,加强对新加坡、中国台湾文化贸易领域的研究和文化项目招商力度。借助新加坡中国文化中心平台鼓励我市优秀文化项目赴新加坡参加展演、展览、展销。(责任单位:市商务局、市文广新局、各试点地区)

4. 促进文化产品和服务出口。鼓励传统优势文化企业积极开拓国际市场,加快影视动漫、文艺演出等国际营销网络建设,支持文化企业参加境内外重要国际性文化展会和文化交流活动,促进文化产品和服务出口,提高国际市场占有率。具有自主知识产权及自主品牌文化创意产品和服务的出口,按照国家税法规定享受出口退(免)税政策,并享受一定的奖励政策。在境外提供文化劳务取得的收入免征营业税。(责任单位:市商务局、市文广新局、市金融办、市外管局、各试点地区)

(三)培育壮大服务贸易市场主体

1. 支持文化服务贸易企业做大做强。推动文化贸易企业并购重组、内引外联、集约发展,对并购过程中产生的行政规费减免50%,符合条件的连锁经营文化企业按规定权限审批汇总缴纳增值税。鼓励企业加快上市步伐,加快培育一批具有全国影响力的文化服务贸易领军企业,支持羿唐丝绸、苏州好风光、太湖窑陶瓷、太湖雪丝绸、蓝海彤翔、欧瑞动漫、蜗牛数字、米粒影业等品牌企业发展壮大。积极扶持小微文化企业发展,推动建设众创空间、扶持文化创客,支持有特色、善创新的中小企业融入全球供应链。(责任单位:市文广新局、市发改委、市经信委、市科技局、市国税局、各试点地区)

2. 建设完善一批公共服务平台。依托国家级、省级文化产业示范园区(基地),完善一批兼具文化贸易、信息交流功能的载体建设,注重中小文化企业服务需求,不断完善平台功能,全面推广使用,引导各类社会资本,特别是民间资本参与建设与运营。对有效推动文化企业开拓国际市场的开放式、专业化公共技术和服务平台的建设运营给予额外补助。(责任单位:市文广新局、市发改委、市金融办、市外管局、各试点地区)

3. 深入推进知识产权服务。加强对文化产品和服务的版权保护及边境保护,加大知识产权宣传力度,提升文化贸易企业知识产权的创造、运用、管理和保护能力,营造有利于文化贸易知识产权保护的舆论环境。开展知识产权境外预警分析,做好知识产权维权援助。(责任单位:市知识产权局、市文广新局、市工商局、各试点地区)

(四)探索文化贸易发展模式创新

1. 探索互联网背景下文化贸易发展新模式。鼓励境内外文化企业在中国(苏州)跨境电子商务综合试验区内设立电商企业,并给予政策支持。引导文化企业借助"互联网+产品""互联网+服务"运作开展文化贸易。鼓励文化企业运用现代信息、模拟仿真、高端智能等技术，改造传统文化产品和服务方式。重点发展动漫游戏、创意设计、网络文化、数字内容等新兴文化业态。（责任单位：市商务局、市发改委、市科技局、市文广新局、各试点地区）

2. 精心打造苏州特色文化服务品牌。重点打造"全球创意之都"和"动漫（国际）版权交易中心"。充分发挥国家历史文化名城、"手工艺与民间艺术之都"等"金字招牌"作用，挖掘苏州刺绣、苏作雕刻、苏州宋锦、御窑金砖等的内在价值。振兴传统文化品牌，加强产品外观、内涵等创意设计，积极推动昆曲、苏剧、苏州评弹、苏式滑稽戏等传统戏曲的文化传播，以苏州园林、昆曲等传统经典为载体，鼓励引导文化"走出去"。促进苏州文化元素与制造业、农业、旅游、体育四大领域深度融合，并将创新融合开发成果通过主流媒体和中国苏州创博会平台集中展示推广，推动文化企业对外开拓市场。（责任单位：市文广新局、市发改委、市经信委、市农委、市旅游局、市体育局、市工商局、市知识产权局、各试点地区）

3. 提升文化投资和贸易跨境交付能力。推进文化贸易投资的外汇管理便利化，确保文化出口相关跨境收付与汇兑顺畅，满足文化企业跨境投资的用汇需求。简化跨境人民币结算手续和审核流程，降低汇率风险。（责任单位：市金融办、人民银行苏州中心支行、市外管局、各试点地区）

### （五）全面提升服务贸易便利化水平

1. 进一步完善文化创意产业发展政策。深入贯彻落实《关于进一步加快文化创意产业发展的若干政策意见》，修订《苏州市文化创意产业投资引导基金管理办法》，培育一批优秀新兴业态文化创意企业，鼓励文化创意企业境外投资，拓展国际营销渠道，加大对文化贸易公共服务平台和创新项目的支持力度。（责任单位：市文广新局、市商务局、市财政局、各试点地区）

2. 积极探索创新通关管理模式。培育重点文化出口企业成为海关高信用企业，享受海关便捷通关措施。探索为文化产品出口提供24小时预约通关服务等便利措施。对文化企业演出、展览、进行影视节目设置和后期加工等需暂时进出境货物，按照规定加速验放。对国有文化企业从事文化出口业务的编创、演职、营销人员等，不设出国（境）指标，简化因公出国（境）审批手续，出国（境）一次审批，全年有效。（责任单位：苏州海关、工业园区海关、市外办、各试点地区）

3. 创新服务贸易统计制度。建立文化贸易大数据平台。将文化贸易主要指标纳入经济社会发展考核体系，充分运用大数据、互联网、云计算等新技术，修订完善文化贸易的各项统计指标，积极研究新业态领域的统计方式方法，探索发布苏州市文化创意对外投资统计数据，确保与国家文化贸易统计口径衔接并较好反映苏州文化贸易现状；推进部门数据共享。依托重点企业、重点平台，加强数据直报工作。提高统计调查和数据分析能力，认真加工分析文化贸易重点企业直报数据，推进各部门间数据信息交流和共享，定期发布文化贸易统计数据。（责任单位：市商务局、市统计局、市文广新局、各试点地区）

4. 建设高端专业人才交流平台。将文化创意人才纳入姑苏人才计划。发挥中国苏州人力资源服务产业园优势，加快推进"互联网＋人力资源"服务，进一步集聚海内外优秀文化创意人才，为苏州文化贸易创新发展提供支撑。探索高端外籍文化创意人才在苏工作居留管理制度创新。支持有条件的单位选送一批优秀文创人才出国（境）培训考察。（责任单位：市人社局、市文广新局、各试点地区）

5. 加强重点金融平台建设。依托"苏州综合金融服务平台""苏州地方企业征信系统""企业自主创新金融支持中心"三大基础平台，深化文化贸易企业融资创新产品和政策研究。继续创新政府资金投入方式，形成具有苏州特色的文化金融融合发展新模式。发展众创、众包、众扶、众筹等新模式，为文化新产品、新业态成长提供支撑。（责任单位：市金融办、中国人民银行苏州中心支行、市银监局、市保监局、市外管局、市文广新局、各试点地区）

### （六）探索创新事中事后监管举措

1. 对服务贸易市场主体开展信用管理。依托信用信息平台，加强违法失信行为信息披露和共享，实施文化企业经营异常名录、失信企业"黑名单"制度。在信贷、政策奖励支持等方面注重加强信用数据应用，不断完善对企业的信用管理。（责任单位：市工商局、市经信委、各试点地区）

2. 将试点工作纳入地方政府考核评价体系。建立健全文化贸易绩效评估指标体系，会同相关部门成立绩效评估指导组织，聘请社会评估机构定期对试点效果进行评估，确保试点工作顺利推进。（责任单位：市商务局、市文广新局、市金融办、苏州海关、工业园区海关、市外管局、各试点地区）

附件 7

# 苏州市旅游服务贸易创新发展试点行动计划

## 一、工作思路

抢抓国家服务贸易创新发展试点机遇，围绕"打造国际一流旅游目的地"总目标，以推进苏州旅游全域化发展为主线，加快实施旅游供给侧改革，深入挖掘苏州城市历史文化资源。通过完善旅游管理体制机制，优化旅游产品创新创业体系，提升旅游服务水平，创新旅游营销模式，扩大旅游业对外交流范围，推动公共服务体系和治理水平与国际接轨，构建国际化旅游产品和服务新体系，推动我市旅游企业加快"走出去"步伐，实现旅游业国际国内"两个市场"均衡发展，从而提升苏州现代服务业发展水平。

## 二、工作目标

以建设具有独特魅力的国际文化旅游胜地为载体，以加快旅游产业发展为契机，形成多业融合、全域联动的大旅游发展格局。经过两年试点，旅游服务贸易额占全市对外贸易总额比重显著提升。

### （一）发展规模稳步扩大

到 2018 年，全市入境过夜游客接待量达到 210 万人次，入境一日游接待量达到 80 万人次，旅游创汇 30 亿美元，全市出境游客达到 220 万人次，出境游境外消费 35 亿美元，全市旅游总收入达到 2 480 亿元，占 GDP 比重超过 6.5%，旅游服务贸易年均增长 30% 以上。

### （二）整体水平明显提升

引进培育一批旅游服务贸易重点企业，完善国际旅游接待服务体系，加快重点入境旅游接待区（点）建设，使境内外游客满意度实现新提升。

## 三、牵头单位及试点地区

牵头单位：市旅游局。
试点地区：昆山市、姑苏区、工业园区、吴中区。

## 四、行动内容

### （一）完善旅游管理体制机制

1. 优化旅游管理体制。积极推进市旅委实体化运作，固化工作小组定期研究机制，在旅委框架下成立古城旅游国际化工作小组，在"国家古城旅游示范区"和"中国国际特色旅游目的地示范城市"两个目标的共同引导下，具体细化落实旅游国际化资源、国际化产品、国际化服务体系和国际化营销等工作，推动以古城为核心的国际旅游目的地建设。（责任单位：市旅委办、市旅委各成员单位、各试点地区）

2. 强化旅游治理机制。加快旅游治理机制的转变，坚持依法治旅，充分学习借鉴国内外先进经验，探索在古城区配备一定数量的外语旅游警察，服务入境游客，营造优质的旅游环境。（责任单位：市旅委办、市公安局、市法制办、市中级人民法院、苏州工商局、姑苏区政府）

### （二）建立旅游产品创新创业体系

1. 扶持旅游市场主体发展。引进中国台湾雄狮旅行社、日本JTB旅行社等境外旅行社落户于苏州工业园区自由贸易试验区，以专业力量投资开发和经营旅游项目，并支持其开展出境游业务，激发我市旅行社业整体活力；引导全市24家出境社做大做强，推动旅行社业整体转型升级，并进一步开放和鼓励旅行社申请出境旅游资质，力争到2018年年末，全市拥有出境旅游资质的旅行社达50家；成立入境旅游联盟，扶持3~5家入境旅游企业，开拓国际市场。（责任单位：市旅游局、市发改委、市财政局、市商务局、各试点地区）

2. 打造旅游品牌产品。积极打造面向国际游客的遗产文化旅游、苏式会奖旅游、湖泊休闲度假三大品牌产品，其中，重点发展会议会展旅游、奖励旅游、商务考察旅游三类商旅会奖旅游产品。创新培育研学旅游、体育旅游、水上旅游、乡村旅游、夜间旅游、购物旅游等特色业态，升级观光旅游产品，推动苏州旅游产品向观光、休闲、度假并重转变，优化国际旅游目的地产品供给结构。鼓励开发特色旅游商品，积极建设旅游创客基地和旅游商品研发基地，振兴传统文化与产业。推进旅游与会展资源整合，完善商务会奖旅游协调职能，出台商务会奖旅游扶持政策，培育和引进商务会奖旅游市场主体，发展会议论坛旅游、奖励旅游、会展旅游等完整的 MICE 产业。（责任单位：市旅游局、市文广新局、市园林局、市商务局、市教育局、市体育局、市交通运输局、市农委、各试点地区）

3. 实施旅游形象标识"国际化改造"。对精品旅游产品和特色社会资源进行特殊形象、信息引导、服务功能等方面的"国际化改造"，增加并完善中英文对照旅游标识，选择专业公司进行市场化运营。（责任单位：市旅游局）

### （三）提升旅游公共服务水平

1. 完善旅游公共服务体系。建设完善旅游公共服务体系，打造旅游交通、旅游厕所、旅游咨询服务等平台体系。研究苏州旅游线上总入口和线下总入口建设，探索面向国际游客的 Digital Guide App 研发，形成入境散客旅游总入口。在全市旅游重点区域实现 Wi-Fi 全覆盖，并提供苏州国际旅游总入口信息通道，实现一键游苏州。加强苏州官方外文版网站建设，服务北美，鼓励同程网、八爪鱼、苏州好行等旅游服务供应商建设外语网站，提高入境游服务水平。（责任单位：市旅游局、市发改委、市经信委、市科技局、市外办、各试点地区）

2. 推动出入境政策便利化。借助上海虹桥和浦东机场开放 144 小时过境免签政策，进一步完善苏州与两大机场之间的中转便捷服务；将我市旅游咨询中心设到两个机场和上海的外国人集中区域，便利入境游客来苏。在苏州设立市民游客中心和出境签证中心，便利苏州人出境游。鼓励我市旅行社、饭店、餐饮连锁等前往境外设立服务点，为出境游提供服务。（责任单位：市旅游局、市外办、市公安局、苏州工商局、各试点地区）

3. 探索"司机＋导游＋翻译"等服务新模式。对有资质人员以服务游客为目标，采取"司机＋导游＋翻译"进行合作的模式给予支持，并指导其提供规范、优质服务。（责任单位：市交通局、市旅游局、市人社局）

### （四）创新国际旅游营销模式

1. 加大国际旅游营销。加大国际旅游营销力度，发力旅华客群市场营销，重点开发欧美、中国台湾等市场。加强苏州旅游业界与境外旅游企业集团、营销机构、传媒机构、中介公司的合作，广泛开展境外委托营销，重点维护 Facebook、Twitter 等国际社交媒体平台，加大在北美、欧洲等地的旅行商直销力度，推出以苏州为重点的旅游产品。按照国外主要旅游城市做法，探索"16 岁以下免费入园、成人付费陪同"等新政策，积极吸引国际中青年游客。（责任单位：市旅游局、市外办、市贸促会、各试点地区）

2. 加大对旅居中国的外国人的营销。通过中美商会等组织和多个面向旅居中国的外国人的大型活动进行苏州主题推广活动；借助 Guidein China 和 Grabtalk 等专业线上平台提升该人群对苏州的兴趣；在该人群较关注的媒体平台发布苏州旅游相关内容和进行互动。与外商协会开展合作，举办苏州旅游推介会，延长外国人在苏停留时间，增加人均消费额度。（责任单位：市贸促会、市外办、市旅游局、各试点地区）

3. 加强与周边省份主要城市的联动合作。加强与上海、杭州、南京等的联动合作，将其外国人常住酒店作为苏州相关外文资料的发放点，提高苏州的国际知名度。（责任单位：市旅游局）

4. 促进国际会奖以提升国际知名度。通过培育苏州本地国际型会议承接方，鼓励企业加入国际专业会议协会（如 ICCA、SITE 等）；挖掘苏州在国际国内优势专业领域内的领军人物成为苏州会议大使等，营销苏州国际会奖产品，提升国际知名度。（责任单位：市外办、市商务局、市旅游局、各试点地区）

### （五）扩大旅游业双向开放

1. 进一步完善国际旅游交流合作。扩大国际旅游互联合作，加强与主要客源国、友好城市政府间的旅游合作，在省、市组织的各类经贸文化交流活动中融入旅游主题，积极开展与美国波特兰、韩国全州、日本金泽、德国康斯坦茨等友好城市的交流合作活动。（责任单位：市外办、市旅游局、市商务局、各试点地区）

2. 扩大与周边国家地区的旅游合作。进一步扩大与中国台湾、新加坡等周边地区、国家的旅游合作，继续与台旅会、新加坡旅发局开展双向宣传，拓展旅游合作，扩大会奖合作，增加旅游培训，在民宿业和旅游商品方面引进台、新创意设计、经营管理团队。组织开展赴中国台湾等地考察旅游厕所建设管理经验。（责任单位：市旅游局、市外办、市台办、市商务局、各试点地区）

### （六）加快推进"旅游+"发展

促进旅游业与文化娱乐业、商务会展、交通运输服务、互联网信息服务业、住宿业、餐饮业、零售业、教育等高关联性行业的融合，重点推动旅游业与商务会展业的融合发展，推动旅游业与零售业、对外贸易的融合，出台实施促进旅游购物消费的专项政策，发展旅游商品零售业、工厂直销与折扣购物旅游业，落实境外游客购物离境退税政策。（责任单位：市商务局、市发改委、市经信委、市交通运输局、市旅游局、市教育局、市国税局、各试点地区）

### （七）优化旅游支持政策

1. 完善财政和奖励政策。加大财政支持力度，重点扶持和引进商旅会奖中介机构（如 PCO、DMC 等），加大对入境外联旅行社及专做苏州一地游旅行社的奖励，对通过外联或组团获得的增量入境游人数要提高奖励额度。根据旅游业增长逐年增加旅游宣传促销经费投入，建立完善旅游营销奖励制度，对出境及入境营销团组的出访审批方面给

予便利。（责任单位：市旅游局、市发改委、市财政局、各试点地区）

2. 争取入境便利政策。争取入境旅游便利化政策，争取落地签、一签多行的签证便利化政策、入境游客支付便利政策。落实境外游客购物离境退税政策，2016年出台政策，2017年上半年实施试点。（责任单位：市旅游局、市国税局、市财政局、市经信委、市公安局各试点地区）

3. 强化人才培养政策。筹建苏州旅游学院，加大对旅游职业教育的投入，着力培养旅游国际化人才，加强复合型旅游人才培养，政府投入专门资金用于旅游从业人员在职培训。加大导游人才队伍建设，特别要注重小语种外语导游人才的培养。（责任单位：市教育局、市旅游局）

4. 落实带薪休假制度。贯彻国务院部署要求，把落实职工带薪休假制度纳入各地政府议事日程，制定带薪休假制度实施细则或计划，鼓励职工出境游。（责任单位：市人社局、市旅游局、市总工会、市妇联、各试点地区）

5. 加快国际会议的审批便利。积极争取省人民政府能下放一定人数的国际会议审批同意权，积极争取协助办理较大规模国际型会议在苏举办的审批同意权。（责任单位：市外办、苏州工商局、市旅游局）

6. 研究苏州特色外事管理办法。在遵循国家外事管理政策的基础上，研究出台具有苏州特色的外事邀请管理办法，促进境外散客入境苏州旅游。（责任单位：市外办、市商务局、市旅游局）

## （八）创新旅游统计评价体系

1. 创建旅游数据信息。成立"苏州旅游数据中心"，向上对接国家旅游局"中国旅游数据中心"，与市级统计部门共同开展旅游数据统计专项课题调研，与通信行业三大运营商、OTA旅游网站、信用卡发行机构等开展数据交换，全面真实反映苏州旅游及旅行服贸数据，为政府决策提供科学依据。（责任单位：市旅游局、市经信委、市统计局、各试点地区）

2. 加强旅游监管平台建设。加强旅游电子合同平台的推广与应用，规范旅行社与游客签订的旅游合同内容；加强出境旅游团队动态监管平台建设，不断督促出境社如实填报出境旅游团队信息，对有突发事件国家和地区的旅行团进行实时跟踪与监控，强化应急突发事件的处置能力；建立旅行社业务管理工作平台，开创旅行社业务标准化模块，提升旅游监管工作效率；强化"苏州旅游经营单位诚信平台"建设，将行业内相关企业、涉旅企业和从业人员的从业征信纳入监管范围，同时对旅游者文明旅游行为加强信息整合，确保旅游相关企业和人员合法经营、文明旅游。（责任单位：市旅游局、苏州工商局、市文明办、市人社局、各试点地区）

附件8

# 苏州市各地区服务贸易创新发展试点重点推进行业领域

| 板块 | 重点行业领域 |
| --- | --- |
| 张家港市 | 物流（运输）、服务外包 |
| 常熟市 | 物流（运输）、服务外包、国际维修和维护、文化 |
| 太仓市 | 物流（运输）、服务外包、国际维修和维护 |
| 昆山市 | 物流（运输）、金融、服务外包、知识产权、国际维修和维护、文化、旅行 |
| 吴江区 | 服务外包、国际维修和维护 |
| 吴中区 | 服务外包、文化、旅行 |
| 相城区 | 服务外包、文化 |
| 姑苏区 | 物流（运输）、服务外包、知识产权、文化、旅行 |
| 苏州工业园区 | 物流（运输）、金融、服务外包、知识产权、国际维修和维护、文化、旅行 |
| 苏州高新区、虎丘区 | 物流（运输）、金融、服务外包、知识产权、国际维修和维护、文化 |

# 关于印发苏州市服务贸易统计创新工作方案的通知

(苏服贸试点办〔2016〕03号)

各市、区人民政府，苏州工业园区，苏州高新区管委会；市各有关部门：

现将《苏州市服务贸易统计创新工作方案》印发给你们，请参照实施。

附件：《苏州市服务贸易统计创新工作方案》

苏州市服务贸易创新试点工作领导小组办公室
2016年10月10日

附件

# 苏州市服务贸易统计创新工作方案

为积极推进苏州市服务贸易创新发展试点工作,现提出《苏州市服务贸易统计创新工作方案》如下:

## 一、我国服务贸易统计的现状和问题

中国服务贸易统计体系是 2006 年开始建立的。该体系符合国际标准并覆盖世贸组织的服务贸易总协定定义的跨境交付、境外消费、商业存在、自然人流动四种供应模式的服务贸易统计体系。该体系包括两个主要组成部分和一个次要组成部分,其中两个主要组成部分是:居民与非居民间基于国际外汇收支数据的服务贸易统计和外国附属机构服务贸易统计,一个次要组成部分是自然人移动服务贸易统计。

我国各地地方政府基本都没有专门的服务贸易统计。各地方政府公布的服务贸易统计数字基本都是采用的外管局国际外汇收支数据。上海市是我国服务贸易工作开展得最早最好的城市,每年均发表上海服务贸易发展报告,但上海主要的服务贸易统计也是采用的外管局国际外汇收支数据。并且上海的外国附属机构服务贸易统计仅公布外商在沪投资附属机构服务贸易统计,没有上海企业境外投资附属机构服务贸易统计。此外,上海没有发布自然人移动服务贸易统计。

目前我国服务贸易统计存在的问题:

(1)由于服务贸易统计采用外管局国际外汇收付汇数据,而货物贸易采用海关的货物出入境数据,服务贸易的统计口径通常严于货物贸易。如果货物贸易也采用同口径的收付汇数据,将大幅放大服务贸易在外贸中的占比。如果服务贸易采用服务贸易合同的执行数据,也将放大服务贸易的绝对额。

(2)现有的外管局国际收支系统是为衡量国际收支而设计的,它无法快速生成分类别、分国别市场、分企业、分苏州下属地方板块的服务贸易报表,不能满足服务贸易发展指导工作要求。

(3)现有的外管局国际收支系统将来料加工缴费收入视为服务贸易,将离岸转口贸易不计入服务贸易,这与我们的常识判断不相符合,与世贸组织的服务贸易总协定的分类也不符合。

(4)外国附属机构服务贸易统计关于服务收入的测度难以准确。在现有的会计制度下，企业财务报表体现有销售（营业）收入状况，但哪些归为服务收入，哪些是非服务收入，对于工业企业和涉及商品销售的服务业企业都难以准确衡量。

（5）自然人移动统计中，各部门所掌握的入境自然人和出境自然人的情况，限于国别、人数、性别等少数指标，部门之间数据的可比性不强，并有交叉重复和遗漏的情况。

（6）目前，出境自然人移动的统计数据仅限于承包工程、劳务合作和设计咨询的各类劳务人员，而对到境外自主择业，通过在境外的商业存在到境外工作以及中国留学生毕业后在境外工作的情况很难掌握。

## 二、苏州市服务贸易统计创新的总体思路和目标

总体思路：认真贯彻落实全国服务贸易创新发展试点工作推进会的精神，在市委市政府的统一部署下，大胆尝试，积极探索，充分利用现有统计资源，多元化地真实反映服务贸易现实状况，努力克服现有服务贸易统计的问题，从无到有地设计制作统计规范和统计软件，建立起可全面对接国际标准并覆盖世界贸易组织服务贸易总协定四种供应模式的服务贸易统计体系，每年发布苏州市服务贸易发展报告，通过不断完善苏州市服务贸易统计体系，使苏州市服务贸易统计创新成为苏州市服务贸易创新试点的重要原创性成果和促进服务贸易发展的有效的基础工具。

总体目标：用3个月左右的时间，建立起可全面对接国际标准并覆盖世界贸易组织服务贸易总协定四种供应模式的服务贸易统计体系。该体系包括基于国际外汇收支数据的统计、企业直报统计、自然人移动统计、外国附属机构服务贸易统计和中国附属机构服务贸易统计等5个统计系统。

## 三、苏州市服务贸易统计体系的5个系统

### 1. 基于国际外汇收支数据的统计系统

由苏州外管局对国际外汇收支数据进行进一步的统计处理和分析，能够快速生成如下的报表：服务贸易分行业统计表、苏州各地方板块及行业统计表、主要出口市场统计表、重点企业分类统计表等报表。在该系统统计分类中，应增加转口贸易服务。

1.1 数据来源

苏州外管局提供的服务贸易国际外汇收支数据，包含：

苏州市服务贸易国际收支企业情况总表

苏州市服务贸易国际收支分行业企业情况表（含13个二级行业）

苏州市服务贸易国际收支主要出口市场情况表

苏州市服务贸易国际收支年度前95%企业分市区明细表

1.2 统计结果

苏州市服务贸易国际收支分行业统计表

苏州市服务贸易国际收支各地区分行业统计表

苏州市服务贸易国际收支分地区统计表

苏州市服务贸易国际收支主要出口市场统计表

苏州市服务贸易国际收支重点企业情况表

苏州市服务贸易国际收支分板块重点企业情况表

1.3 统计要求

外管局按月提供统计表电子档，导入苏州市服务贸易统计系统，系统按要求形成统计结果。

**2. 企业直报统计系统**

开发一个计算机统计程序，建立直报工作系统，由服务贸易企业按月填报服务贸易进出口合同的签订和执行情况。统计分类使用商务部服务贸易试点相关文件的分类方法。

2.1 统计对象

以苏州外管局提供的服务贸易国际外汇收支数据中占比95%为标准，筛选出企业名单作为直报对象，按服务贸易的完成情况，逐月在系统中直报。

2.2 直报内容

苏州市服务贸易企业注册信息表

苏州市服务贸易企业合同信息表

2.3 统计结果

苏州市服务贸易合同分行业情况表

苏州市服务贸易合同各地区分行业统计表

苏州市服务贸易合同分地区情况表

苏州市服务贸易合同主要出口市场情况表

苏州市服务贸易合同重点行业情况表

苏州市服务贸易直报重点企业情况表

苏州市服务贸易直报企业分类表

2.4 统计要求

按月统计上报，系统可以对数据进行实时查询。

**3. 自然人移动统计系统**

开发计算机统计程序，汇总各政府部门、企事业单位关于出境自然人移动和入境自然人移动的服务贸易情况。

3.1 数据来源

市商务局提供：外派劳务数据

苏州地税局、苏州工业园区地税局、张家港保税区地税局提供：外国人在苏州纳税前收入、缴税人数

苏州外管局提供：个人国际收支数据

市旅游局提供：外国人在苏州入境旅游和来苏一日游数据（除直接境外团队）

3.2 自然人移动统计内容

苏州市外派劳务情况统计表

苏州市外国人纳税情况表

苏州市个人国际收支情况表

苏州市个人国际旅游情况表

3.3 自然人移动统计结果

苏州市服务贸易自然人移动情况表

3.4 统计要求

境外银行刷卡数据和留学生数据半年统计提供一次，其他数据按月统计提供，系统可以对数据进行实时查询。

4. 外国附属机构服务贸易统计系统

每年一次，统计苏州市持有股权50%以上的外商投资企业在中国境内的服务销售。可以统计企业家数、注册资本、实际投资额、营业收入、利润总额、纳税总额和从业人数，还可以统计服务的具体行业和投资来源地。

该项统计的数据包含了外商在我市投资企业（中方股权50%以上）或代理机构为我国消费者和他国消费者提供服务的收入。

4.1 数据来源

外国附属机构服务贸易统计表

4.2 统计结果

外国附属机构服务贸易汇总表

4.3 统计要求

按年统计上报，系统可以对数据进行实时查询。

5. 中国附属机构服务贸易统计系统

每年度一次，统计苏州市企业对外直接投资所形成的持有股权50%以上的企业在国外的服务销售。可以统计企业家数、中方实际投资额、营业收入、利润总额、纳税总额和从业人数，还可以统计服务的具体行业和投资目的地。

该项统计的数据包含了我市企业在境外投资（中方股权50%以上）的企业或代理机构为所在国和其他成员的服务消费者提供服务所取得的收入。

5.1 数据来源

中国附属机构服务贸易统计表

5.2 统计结果

中国附属机构服务贸易汇总表

5.2 统计要求

按年统计上报，系统可以对数据进行实时查询。

## 四、5大统计系统的统计功能

5大统计系统的运行应实现以下统计功能：

（1）定期发布苏州市服务贸易官方统计数据，包括三个部分：基于外管局外汇收支数据的服务贸易进出口总额；基于企业直报履行服务贸易合同和自然人流动行为的服务贸易进出口总额；商业存在的服务贸易统计数据。

（2）实现需求查询功能。应能满足分时段、分行业、分区域、分国别、分地区板块等功能的即时查询，生成相应查询结果统计表。

（3）可按需求开展服务贸易发展数据分析对比和研究，为服务贸易的发展决策提供统计数据支撑。

## 五、建立苏州市服务贸易统计体系的任务分解

（1）资金保障。商务局、财政局协同合作，保障苏州市服务贸易统计体系的开发和维护的资金支持。

（2）开发基于国际外汇收支数据的统计系统。由苏州市商务局牵头负责，外管局协助提供相关国际外汇收支数据。

（3）开发企业直报统计系统并开展日常统计。由市商务局牵头负责，各市区负责督促企业按时在企业直报统计系统中上报服务贸易合同基本情况和执行情况。直报企业数应覆盖外管局国际外汇收支数据系统中服务贸易收付汇总量的95%以上。要重点督报苏州市服务贸易试点7大重点行业数据。

（4）自然人移动统计系统。由市商务局牵头负责，苏州市外管局、地税局、旅游局等职能部门提供各自相关的自然人移动统计数据。

（5）外国附属机构服务贸易统计系统和中国附属机构服务贸易统计系统。由市商务局、统计局牵头负责。

（6）成立服务贸易统计工作小组。成立由市商务局、统计局、发改委、交通局、文广新局、旅游局、知识产权局、金融办、苏州外管局、地税局、教育局、公安局为成

员单位的服务贸易统计工作组（成员单位视统计工作需要可增加），由商务局、统计局牵头，开展全市服务贸易统计工作。

（7）统计的规范化。市统计局参与设计苏州市服务贸易统计体系，并负责完成对该项统计合法、合规性的审批。

（8）政策保障。将苏州市服务贸易统计工作与服务贸易鼓励政策的落实相挂钩，鼓励企业积极报送。对于积极开展直报的企业给予适当的资金支持。

# 关于征求《苏州市文化创意产业服务贸易创新发展试点工作任务分解落实表》意见的通知

(苏服贸试点办〔2016〕05号)

各成员单位：

为积极做好苏州市服务贸易创新发展试点工作，全面落实《苏州市文化创意产业服务贸易创新发展试点行动计划》。市文广新局根据市服务贸易创新发展试点工作推进会精神，对《苏州市文化创意产业服务贸易创新发展试点行动计划》明确的相关任务进行了梳理，编制了《苏州市文化创意产业服务贸易创新发展试点工作任务分解落实表》，现发给你们征求意见。请各单位认真研究，并将相关意见建议于11月14日前以书面形式反馈至市文广新局（意见请加盖单位公章，同时报送电子稿一份）。

联系人：王辉杰　　　　　　　　电话：65116097
传　真：65119709　　　　　　　邮箱：1441036722@qq.com
附：《苏州市文化创意产业服务贸易创新发展试点工作任务分解落实表》（征求意见稿）

苏州市服务贸易创新发展试点领导小组办公室<br>
2016年11月7日

附件

# 苏州市文化创意产业服务贸易创新发展试点工作任务分解表（征求意见稿）

| 行动内容 | 任务指标 | 具体内容 | 责任单位 |
| --- | --- | --- | --- |
| 一、探索服务贸易管理体制创新 | 1. 优化管理制度体系 | 深入研究国际服务贸易通行规则，减少对文化进出口的行政审批事项，简化手续，缩短时限。 | 市商务局<br>各试点地区 |
| | | 开辟绿色通道，推进一站式审批、查验工作。探索建立文化服务业的外商投资准入负面清单制度。 | 苏州海关<br>工业园区海关<br>市外管局<br>各试点地区 |
| | | 积极对上争取取消或降低文化产业投资者资质要求、股比限制、经营范围限制。 | 市发改委<br>市商务局<br>各试点地区 |
| | 2. 强化服务保障体系 | 以《文化产品和服务出口指导目录》为依据，建立市、区（县）两级文化贸易重点企业库，其中市级不少于10家，区（县）级不少于5家。 | 市文广新局<br>各试点地区 |
| | | 制定双向联系制度，引入专家机制并对文化企业开展跟踪指导。 | 市文广新局<br>市商务局<br>市外汇管理局<br>各试点地区 |
| 二、探索扩大文化服务业双向开放 | 1. 大力引进功能性总部企业或分支机构 | 力争引进2~3家具有国际营销渠道、品牌影响力和产业竞争力的境内外知名文化企业、研发中心、设计机构和总部基地等入驻我市。 | 市发改委<br>市文广新局<br>各试点地区 |
| | | 符合条件的参照享受苏州市总部经济政策。 | 市发改委<br>各试点地区 |
| | 2. 鼓励企业"走出去"开展对外投资合作 | 加大政策扶持引导力度，鼓励文化企业通过新设、收购、合作等方式在境外投资文化企业、演出剧场和文化项目实体，努力在境外设立文化服务公司、文化经营机构等。 | 市文广新局<br>市商务局<br>市金融办<br>市外管局<br>各试点地区 |

续表

| 行动内容 | 任务指标 | 具体内容 | 责任单位 |
|---|---|---|---|
| 二、探索扩大文化服务业双向开放 | 3. 强化与港澳台地区、新加坡的文化服务合作 | 抓住《内地与香港 CEPA 服务贸易协议》《内地与澳门 CEPA 服务贸易协议》签署契机,加强政策宣传,加大与港澳地区的文化服务业双向投资合作力度。 | 市商务局 市文广新局 |
| | | 依托昆山深化两岸产业合作试验区、中国—新加坡现代服务业合作试验区,加强对新加坡、中国台湾文化贸易领域的研究和文化项目招商力度。 | 市商务局 昆山市 工业园区 |
| | | 借助新加坡中国文化中心平台鼓励我市优秀文化项目赴新加坡参加展演、展览、展销。 | 市文广新局、工业园区 |
| | | 鼓励传统优势文化企业积极开拓国际市场,加快影视动漫、文艺演出等国际营销网络建设。 | 市文广新局 各试点地区 |
| | 4. 促进文化产品和服务出口 | 支持文化企业参加境内外重要国际性文化展会和文化交流活动,促进文化产品和服务出口,提高国际市场占有率。 | 市商务局 市文广新局 各试点地区 |
| | | 具有自主知识产权及自主品牌文化创意产品和服务的出口,按照国家税法规定享受出口退(免)税政策,并享受一定的奖励政策。在境外提供文化劳务取得的收入免征营业税。 | 市外管局 各试点地区 |
| | | 推动文化贸易企业并购重组、内引外联、集约发展,对并购过程中产生的行政规费减免50%,符合条件的连锁经营文化企业按规定权限审批汇总缴纳增值税。 | 市发改委 市国税局 各试点地区 |
| 三、培育壮大服务贸易市场主体 | 1. 支持文化服务贸易企业做大做强 | 鼓励企业加快上市步伐,加快培育一批具有全国影响力的文化服务贸易领军企业,支持羿唐丝绸、苏州好风光、太湖窑陶瓷、太湖雪丝绸、蓝海彤翔、欧瑞动漫、蜗牛数字、米粒影业等品牌企业发展壮大。 | 市发改委 市金融办 市文广新局 各试点地区 |
| | | 积极扶持小微文化企业发展,推动建设众创空间、扶持文化创客,支持有特色、善创新的中小企业融入全球供应链。 | 市发改委 市文广新局 市科技局 各试点地区 |

续表

| 行动内容 | 任务指标 | 具体内容 | 责任单位 |
|---|---|---|---|
| 三、培育壮大服务贸易市场主体 | 2. 建设完善一批公共服务平台 | 依托国家级、省级文化产业示范园区（基地），完善一批兼具文化贸易、信息交流功能的载体建设，注重中小文化企业服务需求，不断完善平台功能，全面推广使用，引导各类社会资本，特别是民间资本参与建设与运营。 | 市文广新局<br>市金融办<br>各试点地区 |
| | | 对有效推动文化企业开拓国际市场的开放式、专业化公共技术和服务平台的建设运营给予额外补助。 | 市发改委<br>市外管局<br>各试点地区 |
| | 3. 深入推进知识产权服务 | 加强对文化产品和服务的版权保护及边境保护，加大知识产权宣传力度，提升文化贸易企业知识产权的创造、运用、管理和保护能力，营造有利于文化贸易知识产权保护的舆论环境。开展知识产权境外预警分析，做好知识产权维权援助。 | 市知识产权局<br>市工商局<br>市文广新局<br>各试点地区 |
| 四、探索文化贸易发展模式创新 | 1. 探索互联网背景下文化贸易发展新模式 | 鼓励境内外文化企业在中国（苏州）跨境电子商务综合试验区内设立电商企业，并给予政策支持。 | 市商务局<br>市发改委<br>各试点地区 |
| | | 引导文化企业借助"互联网+产品""互联网+服务"运作开展文化贸易。 | 市文广新局、市商务局<br>各试点地区 |
| | | 鼓励文化企业运用现代信息、模拟仿真、高端智能等技术，改造传统文化产品和服务方式。 | 市科技局<br>市文广新局<br>各试点地区 |
| | | 重点发展动漫游戏、创意设计、网络文化、数字内容等新兴文化业态。 | 市文广新局<br>各试点地区 |
| | 2. 精心打造苏州特色文化服务品牌 | 重点打造"全球创意之都"和"动漫（国际）版权交易中心"。充分发挥国家历史文化名城、"手工艺与民间艺术之都"等"金字招牌"作用，挖掘苏州刺绣、苏作雕刻、苏州宋锦、御窑金砖等的内在价值。振兴传统文化品牌，加强产品外观、内涵等创意设计，积极推动昆曲、苏剧、苏州评弹、苏式滑稽戏等传统戏曲的文化传播，以苏州园林、昆曲等传统经典为载体，鼓励引导文化"走出去"。 | 市文广新局<br>各试点地区 |

续表

| 行动内容 | 任务指标 | 具体内容 | 责任单位 |
| --- | --- | --- | --- |
| 四、探索文化贸易发展模式创新 | 2. 精心打造苏州特色文化服务品牌 | 促进苏州文化元素与制造业、农业、旅游、体育四大领域深度融合,并将创新融合开发成果通过主流媒体和中国苏州创博会平台集中展示推广,推动文化企业对外开拓市场。 | 市发改委<br>市经信委<br>市文广新局<br>市农委<br>市旅游局<br>市体育局<br>市工商局<br>市知识产权局<br>各试点地区 |
| | 3. 提升文化投资和贸易跨境交付能力 | 推进文化贸易投资的外汇管理便利化,确保文化出口相关跨境收付与汇兑顺畅,满足文化企业跨境投资的用汇需求。简化跨境人民币结算手续和审核流程,降低汇率风险。 | 市金融办<br>人民银行苏州中心支行<br>市外管局<br>各试点地区 |
| 五、全面提升服务贸易便利化水平 | 1. 进一步完善文化创意产业发展政策 | 深入贯彻落实《关于进一步加快文化创意产业发展的若干政策意见》,修订《苏州市文化创意产业投资引导基金管理办法》,培育一批优秀新兴业态文化创意企业。 | 市文广新局<br>市财政局<br>各试点地区 |
| | | 鼓励文化创意企业境外投资,拓展国际营销渠道,加大对文化贸易公共服务平台和创新项目的支持力度。 | 市商务局<br>市财政局<br>市文广新局<br>各试点地区 |
| | 2. 积极探索创新通关管理模式 | 培育重点文化出口企业成为海关高信用企业,享受海关便捷通关措施。探索为文化产品出口提供24小时预约通关服务等便利措施。对文化企业演出、展览、进行影视节目设置和后期加工等需暂时进出境货物,按照规定加速验放。 | 苏州海关<br>工业园区海关<br>各试点地区 |
| | | 对国有文化企业从事文化出口业务的编创、演职、营销人员等,不设出国(境)指标,简化因公出国(境)审批手续,出国(境)一次审批,全年有效。 | 市外办<br>各试点地区 |
| | 3. 创新服务贸易统计制度 | 建立文化贸易大数据平台。将文化贸易主要指标纳入经济社会发展考核体系,充分运用大数据、互联网、云计算等新技术,修订完善文化贸易的各项统计指标,积极研究新业态领域的统计方式方法,探索发布苏州市文化创意对外投资统计数据,确保与国家文化贸易统计口径衔接并较好反映苏州文化贸易现状。 | 市商务局<br>市统计局<br>市文广新局<br>各试点地区 |

续表

| 行动内容 | 任务指标 | 具体内容 | 责任单位 |
| --- | --- | --- | --- |
| 五、全面提升服务贸易便利化水平 | 3. 创新服务贸易统计制度 | 推进部门数据共享。依托重点企业、重点平台,加强数据直报工作。提高统计调查和数据分析能力,认真加工分析文化贸易重点企业直报数据,推进各部门间数据信息交流和共享,定期发布文化贸易统计数据。 | 市统计局<br>市文广新局<br>各试点地区 |
| | 4. 建设高端专业人才交流平台 | 将文化创意人才纳入姑苏人才计划。发挥中国苏州人力资源服务产业园优势,加快推进"互联网+人力资源"服务,进一步集聚海内外优秀文化创意人才,为苏州文化贸易创新发展提供支撑。探索高端外籍文化创意人才在苏工作居留管理制度创新。支持有条件的单位选送一批优秀文创人才出国(境)培训考察。 | 市人社局<br>市文广新局<br>各试点地区 |
| | 5. 加强重点金融平台建设 | 依托"苏州综合金融服务平台""苏州地方企业征信系统""企业自主创新金融支持中心"三大基础平台,深化文化贸易企业融资创新产品和政策研究。<br>继续创新政府资金投入方式,形成具有苏州特色的文化金融融合发展新模式。发展众创、众包、众扶、众筹等新模式,为文化新产品、新业态成长提供支撑。 | 市金融办<br>各试点地区<br>人民银行苏州中心支行<br>市银监局<br>市保监局<br>市外管局<br>市文广新局<br>各试点地区 |
| 六、探索创新事中事后监管举措 | 1. 对服务贸易市场主体开展信用管理 | 依托信用信息平台,加强违法失信行为信息披露和共享,实施文化企业经营异常名录、失信企业"黑名单"制度。在信贷、政策奖励支持等方面注重加强信用数据应用,不断完善对企业的信用管理。 | 市工商局<br>市经信委<br>各试点地区 |
| | 2. 将试点工作纳入地方政府考核评价体系 | 建立健全文化贸易绩效评估指标体系,会同相关部门成立绩效评估指导组织,聘请社会评估机构定期对试点效果进行评估,确保试点工作顺利推进。 | 市商务局<br>市统计局<br>市文广新局<br>市金融办<br>苏州海关<br>工业园区海关<br>市外管局<br>各试点地区 |

备注:每项任务的第一家单位为牵头单位,负责该项试点情况综合汇总。

# 关于建立服务贸易创新发展试点工作简报制度的通知

(苏服贸试点办〔2016〕06号)

各成员单位：

根据商务部要求，为开展好服务贸易创新发展试点工作，全国各试点地区要建立和完善工作简报制度，每月上报服务贸易创新发展试点工作推进情况。为此，请市交通局、市金融办、市知识产权局、市文广新局、市旅游局等试点重点行业牵头部门以及各市、区商务主管部门及时将各试点行业及各市、区试点工作推进情况、工作亮点以及最新动态等方面的内容，于每月15日前报送市服务贸易创新发展试点工作领导小组办公室，以便及时掌握试点工作推进情况，汇总上报苏州试点工作动态。

联系人：王栋　　　　　　　电话：68630395
邮　箱：swj_wd@163.com

苏州市服务贸易创新发展试点工作领导小组办公室<br>
2016年11月8日